ESTUDIOS SOCIALES DE HOUGHTON MIFFLIN

Gente que conozco

Beverly J. Armento
Gary B. Nash
Christopher L. Salter
Karen K. Wixson

Gente que conozco

Houghton Mifflin Company • **Boston**

Atlanta • Dallas • Geneva, Illinois • Princeton, New Jersey • Palo Alto • Toronto

Consultants

Program Consultants

Edith M. Guyton
Associate Professor of Early
　Childhood Education
Georgia State University
Atlanta, Georgia

Gail Hobbs
Associate Professor of
　Geography
Pierce College
Woodland Hills, California

Charles Peters
Reading Consultant
Oakland Schools
Pontiac, Michigan

Cathy Riggs-Salter
Social Studies Consultant
Hartsburg, Missouri

George Paul Schneider
Associate Director of
　General Programs
Department of Museum
　Education
Art Institute of Chicago
Chicago, Illinois

Twyla Stewart
Center for Academic
　Interinstitutional Programs
University of California
　—Los Angeles
Los Angeles, California

Scott Waugh
Associate Professor of
　History
University of California
　—Los Angeles
Los Angeles, California

Consultants for the Spanish Edition

Gloria Contreras
Director, Multicultural Affairs
University of North Texas
Denton, Texas

Julian Nava
Professor of History
California State University
Northridge, California

Alfredo Schifini
Limited English
　Proficiency Consultant
Los Angeles, California

Bilingual Reviewers

Arturo G. Abarca (Grades 1, 2)
Heliotrope Elementary
Los Angeles, California

Beth Beavers (K)
Newton Razor Elementary
Denton, Texas

Carlos Byfield (Grades 1, 3)
Consultant in Bilingual
　Education, ESL
Escondido, California

Margarita Calderón
　(Grades 2, 6)
University of Texas at El Paso
El Paso, Texas

Adela Coronado-Greeley
　(Grade 3)
Inter-American Magnet
Chicago, Illinois

Eugenia DeHoogh (Grade 4)
Illinois Resource Center
Des Plaines, Illinois

Jose L. Galvan (Grade 5)
California State University
Los Angeles, California

María Casanova Hayman
　(Grade 6)
Rochester City School District
Rochester, New York

Robert L. Jones (Grade 4)
Escuela de Humanidades
　de la Universidad Autónoma
　de Baja California
Tijuana, Mexico

Maria L. Manzur (K)
Los Angeles
　Unified School District
Los Angeles, California

Edgar Miranda (Grade 5)
Rochester City School District
Rochester, New York

Teacher Reviewers

Luis A. Blanes (Grade 5)
Kosciuszko Elementary
Chicago, Illinois

Viola R. Gonzalez (Grade 5)
Ryan Elementary
Laredo, Texas

Eduardo Jiménez (Grade 6)
Lincoln Military Academy
　of Guaynabo
San Juan, Puerto Rico

Carmen Muñoz (Grade 2)
Carnahan Elementary
Pharr, Texas

Silvina Rubinstein (Grade 6)
Montebello Unified School
　District
Montebello, California

Janet Vargas (Grades 1–3)
Keen Elementary
Tucson, Arizona

ISBN: 0-395-54717-2
　CDEFGHIJ-VH-99876543

Development by Ligature, Inc

Acknowledgments

Grateful acknowledgment is made for the use of
e material listed below.

‌‌3–33 (xv) from pp. 13–22 from *Truck Song* by
Diane Siebert. Illustrated by Byron Barton.
(Crowell) Text Copyright © 1984 by Diane
Siebert. Illustrations Copyright © 1984 by Byron

Barton. Translated and reprinted by permission of
HarperCollinsPublishers, Inc. **45** "Everybody
Says" by Dorothy Aldis, translated and reprinted
by permission of G. P. Putnam's Sons from *Ev-
erything and Anything* by Dorothy Aldis, copyright 1925–1927, copyright renewed 1953–1955
by Dorothy Aldis. *—Continued on page 192.*

Carta de los autores

Este dibujo muestra unos plátanos camino al mercado. Les pusimos caras para divertirnos. Cuando leas la Unidad 1 aprenderás cómo crecen los plátanos y quién los lleva al mercado.

En este libro vas a leer sobre muchos lugares y muchas personas. Vas a aprender cómo es la vida ahora y cómo era hace mucho tiempo. Hablaremos de nuestro propio país, los Estados Unidos de América. Conocerás gente real y aprenderás cómo vive.

Algunos de los cuentos de este libro te harán reír. Otros te harán pensar y querrás probar cosas nuevas. ¡Ojalá que te guste tu nuevo libro!

Beverly J. Armento
Professor of Social Studies
Director, Center for Business and
Economic Education
Georgia State University

Christopher L. Salter
Professor and Chair
Department of Geography
University of Missouri

Gary B. Nash
Professor of History
University of California—Los Angeles

Karen K. Wixson
Associate Professor of Education
University of Michigan

Contenido

Cuadros, diagramas y líneas del tiempo

Estos dibujos te dan datos sobre la gente, los lugares y las cosas que estudias.

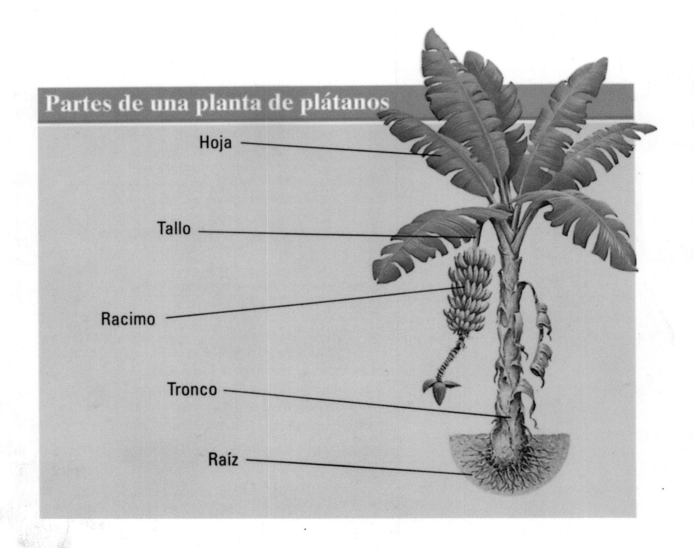

Partes de una planta de plátanos

Hoja

Tallo

Racimo

Tronco

Raíz

Mapas

Cada mapa de este libro te cuenta una historia de un lugar.

Mapa de la comunidad

Leyenda

- Gasolinera
- Escuela
- Supermercado
- Casa

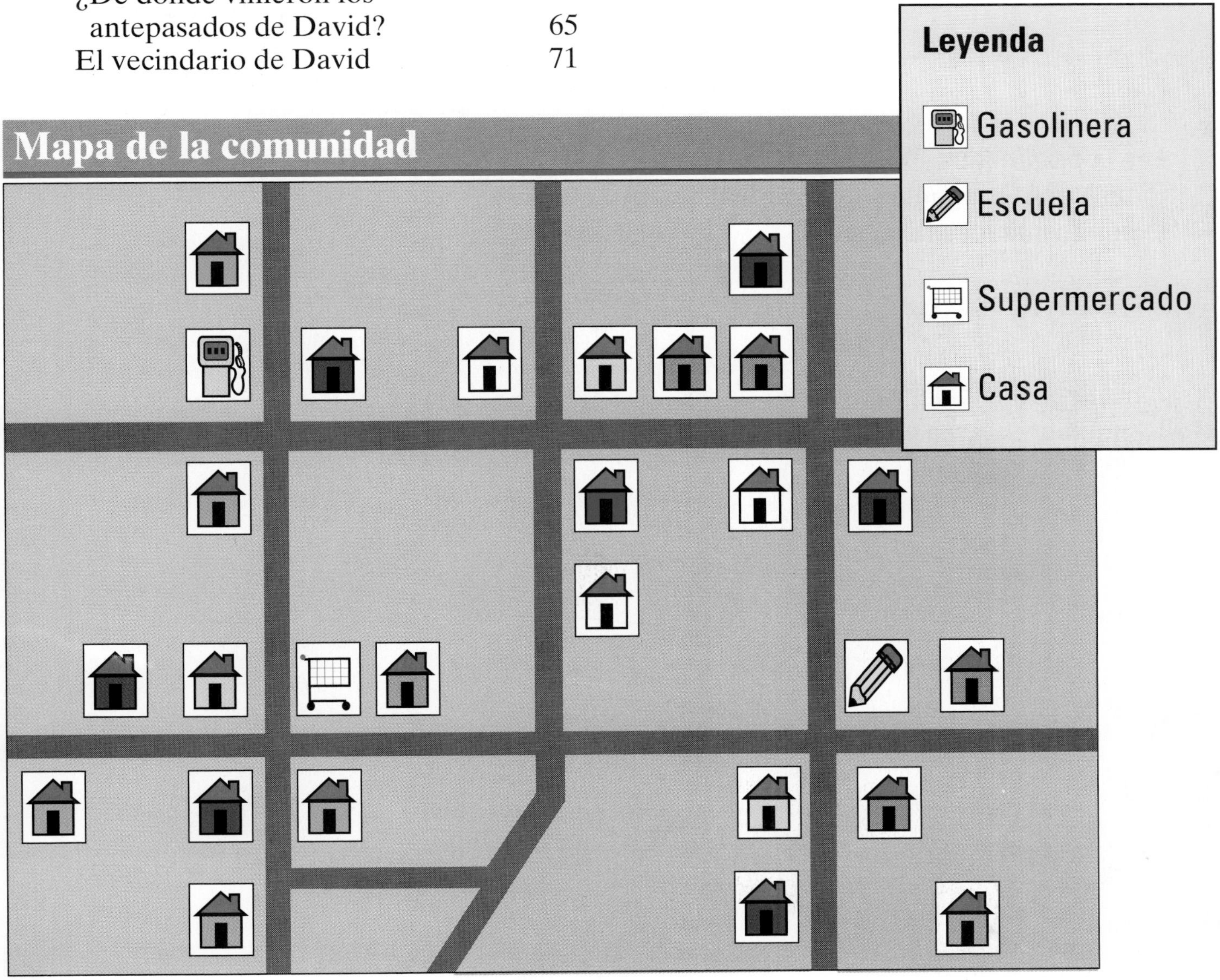

Para empezar

Éste es tu libro.
Vamos a conocerlo.

El número te dice
qué lección es.

El título te dice
de qué trata la lección.

Lee la pregunta.
Piensa en la pregunta
mientras que lees la lección.

Ésta es una palabra
que aprenderás en
esta lección.

LECCIÓN 6

Mucho tiempo aquí

En la belleza, caminaré.
En la belleza, serás mi imagen.
En la belleza, serás mi canción.
de la Ceremonia del Camino Nocturno
de los navajos

PIÉNSALO

¿Qué tradiciones
aprendió Melanie de
su familia?

Palabra clave

tejer

Este poema habla de la tierra donde vive Melanie Begaye. Melanie tiene ocho años y vive con su familia cerca de Round Rock, Arizona. Sus antepasados vivieron en esta tierra durante muchos años, antes de que los Estados Unidos fueran un país. Melanie y su familia son navajos.

90

La tierra donde vive Melanie es hermosa, pero allí
llueve muy poco. A veces hay que traer agua desde muy
lejos. Allí hay poca hierba. La tierra es de distintos tonos
de color café con grandes
rocas rojas.

Cerca de donde vive
Melanie no hay grandes
ciudades ni edificios altos.
Si Melanie mira a lo lejos,
ve grandes distancias.
Puede ver las montañas.

El estado donde nació Melanie

Nevada

Utah

Round
Rock

New
Mexico

California

Arizona

Leyenda
- Hogar de Melanie
- Ciudades
— Frontera de estados
— Frontera de países

Phoenix

Tucson

MEXICO

Un mapa te dice
dónde están las cosas.

Las fotos te dicen
cómo es ese lugar.

Los mapas y las fotos
te ayudan a entender la lección.

91

¡Adelante!

Los dibujos y las palabras van juntos.
Juntos te ayudan a aprender.

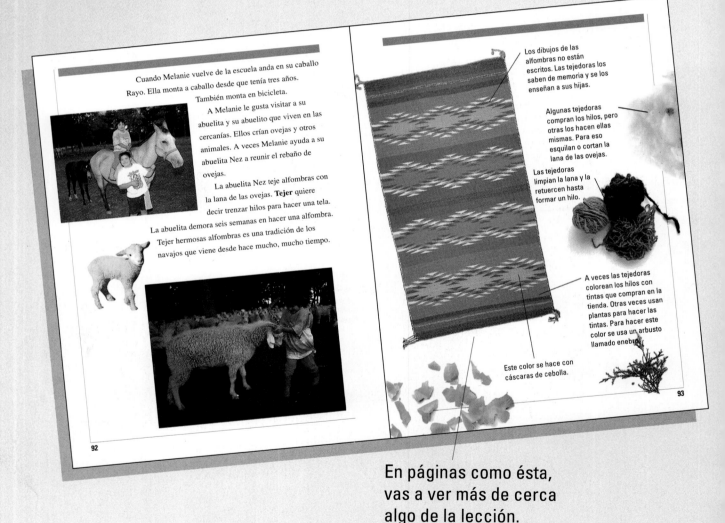

Cuando Melanie vuelve de la escuela anda en su caballo Rayo. Ella monta a caballo desde que tenía tres años. También monta en bicicleta.

A Melanie le gusta visitar a su abuelita y su abuelito que viven en las cercanías. Ellos crían ovejas y otros animales. A veces Melanie ayuda a su abuelita Nez a reunir el rebaño de ovejas.

La abuelita Nez teje alfombras con la lana de las ovejas. **Tejer** quiere decir trenzar hilos para hacer una tela.

La abuelita demora seis semanas en hacer una alfombra. Tejer hermosas alfombras es una tradición de los navajos que viene desde hace mucho, mucho tiempo.

92

Los dibujos de las alfombras no están escritos. Las tejedoras los saben de memoria y se los enseñan a sus hijas.

Algunas tejedoras compran los hilos, pero otras los hacen ellas mismas. Para eso esquilan o cortan la lana de las ovejas.

Las tejedoras limpian la lana y la retuercen hasta formar un hilo.

A veces las tejedoras colorean los hilos con tintas que compran en la tienda. Otras veces usan plantas para hacer las tintas. Para hacer este color se usa un arbusto llamado enebro.

Este color se hace con cáscaras de cebolla.

93

En páginas como ésta, vas a ver más de cerca algo de la lección. Aquí vas a ver de cerca cómo se teje.

Hay fotos y dibujos que tienen palabras en inglés. A veces esas palabras se parecen al español. Otras veces, te darás cuenta de lo que quieren decir si te fijas bien en la foto o en el dibujo.

Lucy, la tía de Melanie, también teje. Esta foto muestra a la tía Lucy empezando a tejer una alfombra. Melanie aprende otras cosas de su familia. A sus abuelitos les gusta contar historias en invierno. Después de la cena, cuando el sol se oculta, la familia se reúne junto al fuego. Los abuelitos de Melanie cuentan historias del astuto coyote que siempre se sale con la suya. Las historias de coyotes son una tradición entre los navajos.

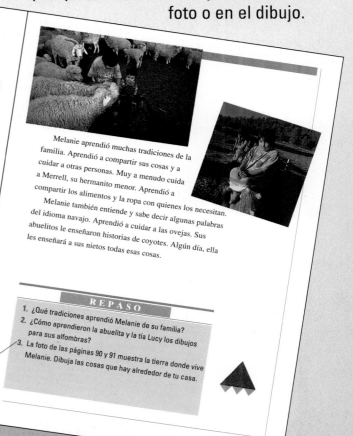

Melanie aprendió muchas tradiciones de la familia. Aprendió a compartir sus cosas y a cuidar a otras personas. Muy a menudo cuida a Merrell, su hermanito menor. Aprendió a compartir los alimentos y la ropa con quienes los necesitan. Melanie también entiende y sabe decir algunas palabras del idioma navajo. Aprendió a cuidar a las ovejas. Sus abuelitos le enseñaron historias de coyotes. Algún día, ella les enseñará a sus nietos todas esas cosas.

REPASO

1. ¿Qué tradiciones aprendió Melanie de su familia?
2. ¿Cómo aprendieron la abuelita y la tía Lucy los dibujos para sus alfombras?
3. La foto de las páginas 90 y 91 muestra la tierra donde vive Melanie. Dibuja las cosas que hay alrededor de tu casa.

Esta parte es para repasar lo que leíste. Las respuestas a las preguntas están en la lección.

Éste es el número de la página. Siempre está en un esquina de la página. Este número te dice en qué parte del libro estás.

Aprende más

Puedes aprender de muchas maneras.
En el libro hay páginas especiales
que te ayudan a aprender más.

Algunas páginas te dan
ideas y te dicen
cómo se hacen algunas cosas.
Esta página te dice
cómo puedes compartir con los demás.

¿Te gusta explorar?
Esta página te dice cómo hacerlo.

EXPLORA

¿De dónde vienen los alimentos?

Ya sabes de dónde viene la crema de cacahuate. Ahora puedes descubrir de dónde vienen otros alimentos que hay en el mercado.

Prepárate

1. ¿De dónde crees que vienen otros alimentos?
2. Busca papel, un lápiz, crayones y estambre.

Descubre

1. Fíjate en el diagrama. Mira de dónde vienen los alimentos.
2. Descubre de dónde vienen otros alimentos. Fíjate en las etiquetas de las cajas y latas de alimentos. Haz preguntas. Usa otros libros.

Manzanas de Washington

¿De dónde vienen los alimentos?

Pescados de Maine

Quesos de Wisconsin

Supermercado

18

PIENSA EN TRABAJOR JUNTOS

Trabajar y compartir

Una costumbre que Melanie aprendió de los navajos es la de compartir sus cosas. Cuando trabajamos en un proyecto en la escuela también tenemos que compartir.

Las personas que trabajan en un grupo comparten cosas como las tijeras o el pegamento. También comparten sus ideas. Aprenden unos de otros y se ayudan unos a otros. Cada uno puede hacer algo importante.

Lee esta lista. Te dice lo que debes hacer cuando trabajas en grupo.

1. Di a los otros tus ideas sobre el proyecto.
2. Escucha las ideas de los otros.
3. Ayuda a hacer el trabajo.

96

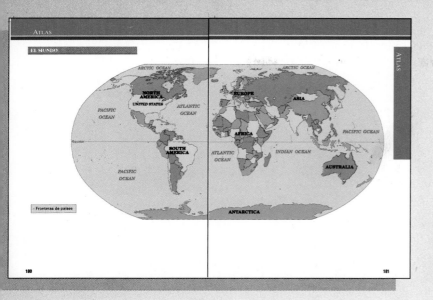

Al final del libro hay más mapas.
Éste es un mapa del mundo.

¿Qué harías tú?
Esta página te ayuda a decidir.

En tu libro hay cuentos
y también poemas.
Con estos cuentos y poemas
aprendes mejor.

Unidad 1

Dependemos de otros

Unos compran, otros venden
alimentos por doquiera:
quesos, fresas, pan, cerezas,
y mermelada de pera.

Nos mandan y traen a
nuestro mercado, todas las
cositas que tú has deseado.

La historia de la lonchera

PIÉNSALO

¿Cómo dependes de otras personas?

Palabra clave

depender

—¡Es hora de almorzar! ¿Qué hay hoy en mi lonchera? ¡Mmm! Un sándwich de crema de cacahuate, un plátano y... ¡Eh! ¿Qué hacen todas estas personas en mi lonchera? ¿Quiénes son?

Aunque no lo creas, toda estas personas ayudaron a preparar el almuerzo de Mónica. *Alguien* cultivó los cacahuates para el sándwich. *Alguien* recogió los plátanos. *Alguien* los llevó al mercado.

Muchas personas trabajan para que tus alimentos lleguen a ti. Tú **dependes** de esas personas. Eso quiere decir que tú necesitas a esas personas. Dependes de otras personas para muchas cosas, no sólo para que te lleguen los alimentos. Fíjate a tu alrededor. ¿Quién hizo tus zapatos? ¿Quién hizo tus libros? ¿Qué otras personas hacen cosas por ti?

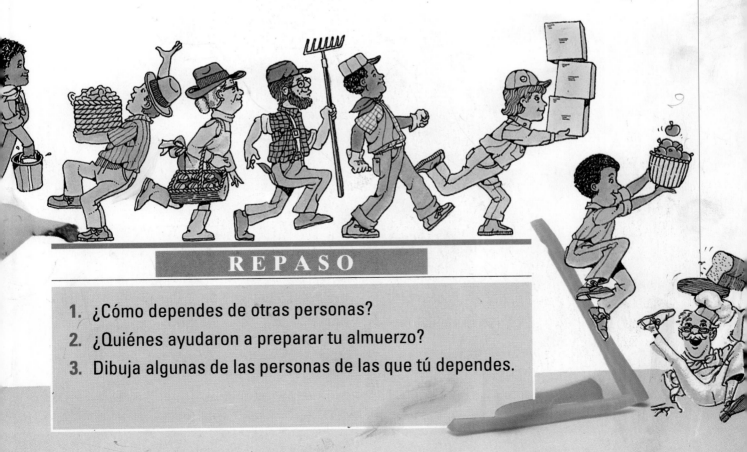

REPASO

1. ¿Cómo dependes de otras personas?
2. ¿Quiénes ayudaron a preparar tu almuerzo?
3. Dibuja algunas de las personas de las que tú dependes.

Busquemos lugares

Piensa en todas las personas que ayudaron a preparar tu almuerzo. Muchas de esas personas trabajan en tu comunidad. Fíjate en esta foto. La foto muestra una comunidad de verdad. Las personas que viven en esta comunidad dependen del supermercado. También dependen de la gasolinera y de la escuela.

Un mapa es como una foto tomada desde arriba. Los dibujantes marcan las calles. Ponen pequeños dibujos o símbolos para mostrar las casas y los edificios.

En esta página vemos el mapa de otra comunidad. Fíjate en la **leyenda.** La leyenda te explica los símbolos del mapa. ¿Qué muestra cada símbolo?

¿Cuál es el símbolo para el supermercado? Busca ese símbolo en el mapa. El símbolo te muestra dónde está el supermercado. ¿Cuál es el símbolo para la escuela? Señala la escuela.

Leyenda

Gasolinera

Escuela

Supermercado

Casa

Mapa de la comunidad

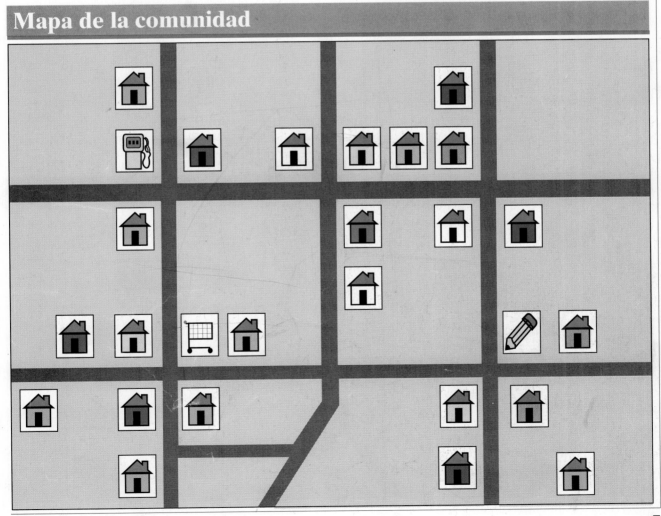

Leyenda

Gasolinera

Escuela

Supermercado

Casa

Un mapa también muestra los puntos cardinales. En un mapa, el **norte** casi siempre está arriba. El **sur** casi siempre está abajo. Si el norte está arriba, el **este** está a tu derecha y el **oeste** a tu izquierda.

¿Cómo puedes acordarte de esto? Los dibujantes ponen algo en los mapas para ayudarnos. Se llama **rosa de los vientos** y muestra los puntos cardinales. Busca la rosa de los vientos en el mapa. La N de norte está arriba. La S de sur está abajo. ¿Qué letra muestra el este? ¿Qué letra muestra el oeste?

Mapa de la comunidad

Señala el supermercado. Mueve el dedo hasta la gasolinera. Lo moviste hacia arriba. ¿En dirección a qué punto cardinal fuiste? La gasolinera está al norte del supermercado.

Los mapas nos sirven para ir de un lugar a otro. Imagínate que vives en la casa verde del mapa. Quieres ir al supermercado. Pon el dedo sobre tu casa y muévelo una cuadra hacia el oeste. Dobla en la esquina y sigue una cuadra hacia el sur.

Busca un camino diferente para ir a tu casa. ¿En qué direcciones te moviste?

¡Inténtalo!

Busca un camino desde la casa verde hasta la escuela. Trázalo. Di en qué direcciones te moviste.

¿De dónde vienen los cacahuates?

Tú dependes de los granjeros para que los alimentos lleguen a ti. El papá de Josh Wambles es un granjero de Alabama. Él cultiva uno de los alimentos que más les gusta a algunas personas: los cacahuates.

Josh está en segundo grado. A él le gusta ayudar a su papá en la granja. A Josh y a su familia les encanta comer los cacahuates que cultivan en la granja. Los comen tostados, hervidos o fritos. ¿Cómo te gustan los cacahuates a ti?

La granja de Josh tiene un suelo rico y arenoso. Los cacahuates necesitan suelo arenoso y veranos largos y calurosos para crecer. El papá de Josh siembra otros cultivos. Los **cultivos** son las plantas que los granjeros siembran para vender. El mapa muestra los campos de la granja de Josh. ¿Qué cultivos hay en cada campo?

Josh y su papá caminan por los campos. —Vemos si los gusanos se comen los cultivos —dice Josh.

La granja de Josh

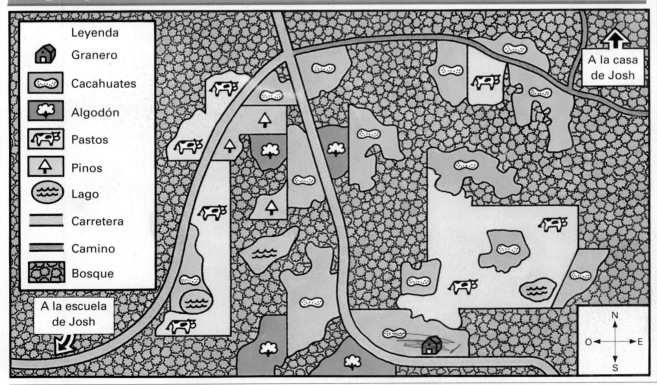

En el otoño, a Josh le gusta ayudar en la **cosecha**, o recolección, de los cacahuates. Josh y su papá se fijan en los cacahuates para ver si están listos para la cosecha. Los cacahuates crecen bajo la tierra, por eso Josh tiene que arrancar una planta de cacahuates.

—Los cacahuates están listos para cosechar cuando la cáscara se pone oscura por dentro —explica Josh.

El papá de Josh usa máquinas especiales para cosechar los cacahuates. La roturadora es una máquina que arranca las plantas de cacahuates. Las vira al revés para que se sequen. Más tarde otra máquina, llamada cosechadora, corta los cacahuates de las plantas y los echa dentro de camiones grandes.

Después de cosechar los cacahuates, el papá de Josh los vende a una empresa que los limpia y les quita la cáscara con unas máquinas. La empresa vende muchos de esos cacahuates a fábricas de crema de cacahuate. Una **fábrica** es un lugar donde se hace algo con máquinas.

En las fábricas de crema de cacahuate trabajan muchas personas. Unas hacen funcionar las máquinas que tuestan y muelen los cacahuates hasta formar una crema. Otras manejan las máquinas que llenan los frascos con crema de cacahuate.

Cuando la crema de cacahuate está lista, muchas más personas trabajan para que llegue a ti. Algunos trabajadores ponen los frascos en cajas. Luego ponen las cajas en camiones. Los camioneros llevan las cajas a los mercados.

Las personas que trabajan en los mercados sacan los frascos de las cajas y los ponen en los estantes.

La crema de cacahuate es uno de los alimentos preferidos en los Estados Unidos. La pictografía muestra cuánta crema de cacahuate come una persona. ¿Cuánta más crema de cacahuate come una persona hoy que hace 20 años?

Crema de cacahuate

¿Cuánto come una persona en un año?

| Hace 20 años | 🫙 🫙 |
| Hoy | 🫙 🫙 🫙 |

🫙 = 1 libra

La crema de cacahuate de tu próximo sándwich podría estar hecha con los cacahuates de la granja de Josh. ¡La familia de Josh cultiva suficientes cacahuates como para hacer casi nueve millones de sándwiches por año! Muchas personas dependen de los trabajadores de una sola granja.

Tú dependes de muchas personas que hacen la crema de cacahuate. La próxima vez que comas un sándwich de crema de cacahuate, acuérdate de decir: "¡Gracias!"

REPASO

1. ¿Qué trabajos hay que hacer para fabricar la crema de cacahuate?
2. ¿Cómo dependen los trabajadores de esta lección de las máquinas para hacer su trabajo?
3. ¿Cómo dependen unos trabajadores de otros para hacer la crema de cacahuate?
4. Fíjate en el mapa de las páginas 182 y 183. Busca Alabama. ¿Qué estados están cerca de Alabama?

Miremos el mundo

Josh y su familia cultivan cacahuates en los Estados Unidos. También se cultivan cacahuates en otras partes del mundo. Éste es un mapa del mundo. En él se muestran los Estados Unidos y muchos otros lugares.

Fíjate en el globo terráqueo de tu salón de clase. Es redondo, como la Tierra. Fíjate en el mapa. Te muestra las mismas cosas que el globo terráqueo, pero el mapa es plano.

Mapa del mundo

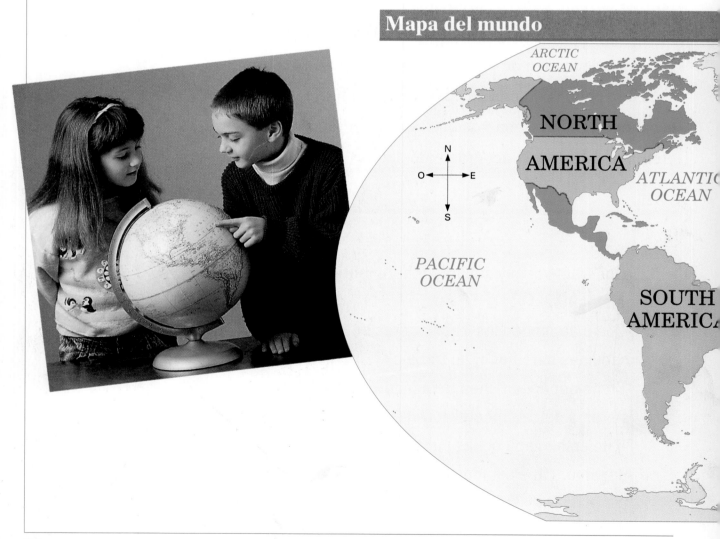

El mapa y el globo terráqueo muestran dónde hay tierra y dónde hay agua. En este mapa, el agua es azul. La tierra es de distintos colores. Las extensiones grandes de tierra se llaman **continentes**. Los siete continentes son: Norteamérica, Suramérica, Europa, África, Asia, Australia y Antártida.

Los continentes están rodeados de agua. Las extensiones grandes de agua se llaman **océanos**. Los océanos son: el océano Pacífico, el océano Ártico, el océano Atlántico y el océano Índico.

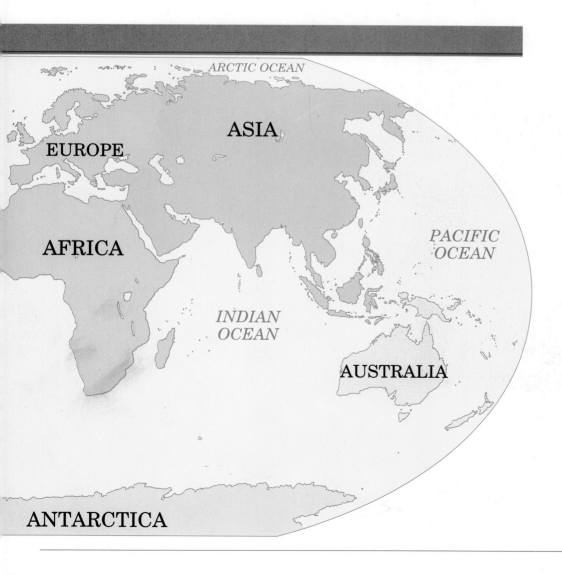

Este mapa muestra el continente de Norteamérica. En casi todos los continentes hay muchos países. Las personas que viven en un mismo **país** tienen el mismo gobierno y obedecen las mismas leyes. En este mapa las líneas gruesas separan un país de otro.

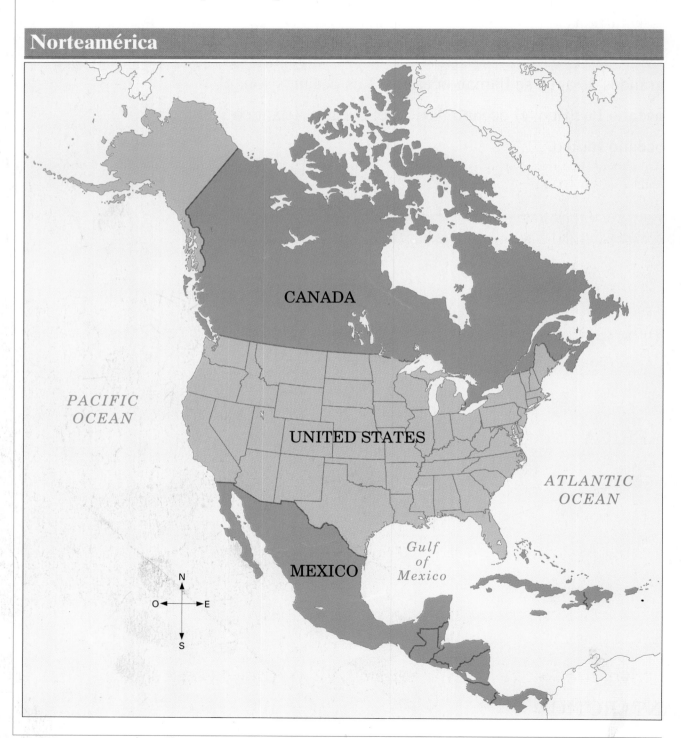

La mayor parte de los Estados Unidos está en el continente de Norteamérica. Una parte de los Estados Unidos, Hawaii, no está en este mapa porque no está en el continente de Norteamérica. Hawaii es un grupo de islas que está en el océano Pacífico.

Además de los Estados Unidos, en el continente norteamericano hay otros países. Fíjate en el mapa de la página 16. ¿Qué país está al norte de los Estados Unidos *(United States)*? ¿Qué país está al sur?

Piensa en donde tú vives. Vives en el planeta Tierra. ¿En qué continente vives? ¿En qué país vives? ¿Cómo se llama tu comunidad?

¡Inténtalo!

Busca el lugar donde vives en un mapa o globo terráqueo. ¿Vives cerca o lejos de un océano? ¿Vives cerca del Canadá o de México? ¿En qué parte de los Estados Unidos vives?

¿De dónde vienen los alimentos?

Ya sabes de dónde viene la crema de cacahuate. Ahora puedes descubrir de dónde vienen otros alimentos que hay en el mercado.

Prepárate

1. ¿De dónde crees que vienen otros alimentos?
2. Busca papel, un lápiz, crayones y estambre.

Descubre

1. Fíjate en el diagrama. Mira de dónde vienen los alimentos.
2. Descubre de dónde vienen otros alimentos. Fíjate en las etiquetas de las cajas y latas de alimentos. Haz preguntas. Usa otros libros.

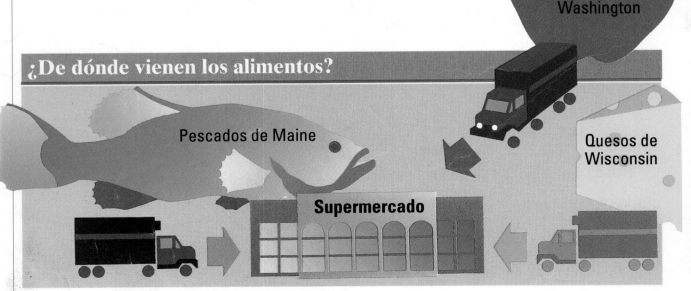

¿De dónde vienen los alimentos?

Manzanas de Washington

Pescados de Maine

Quesos de Wisconsin

Supermercado

Sigue adelante

1. Muestra dónde vives tú en el mapa grande de los Estados Unidos.

2. Usa estambre para mostrar de dónde vienen los alimentos.

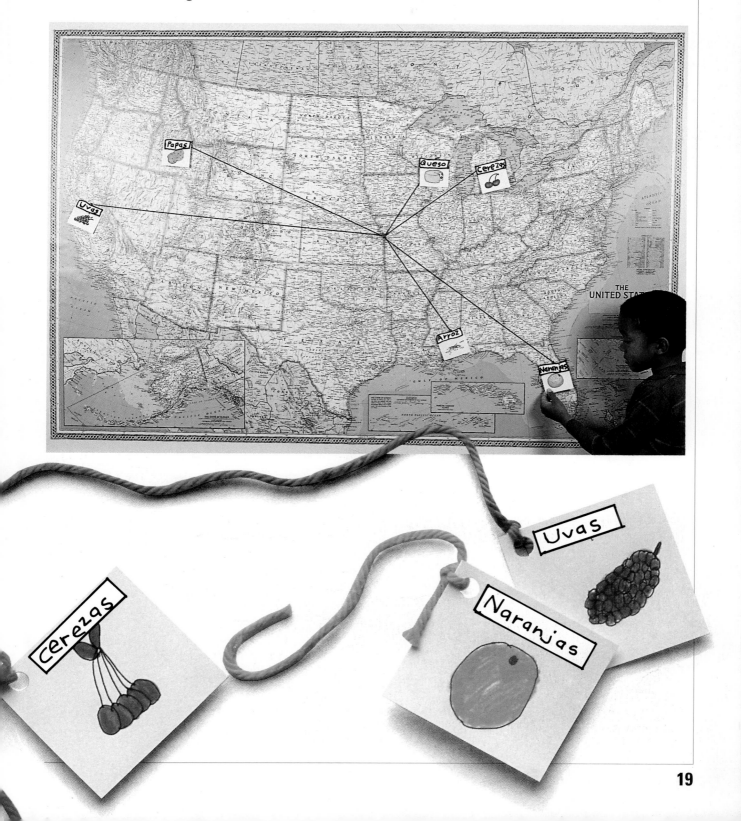

El racimo de plátanos

PIÉNSALO

¿Cómo llegan los plátanos desde donde se cultivan hasta tu lonchera?

Palabras clave

tiempo
puerto de mar
ruta

Los granjeros de los Estados Unidos cultivan casi todos nuestros alimentos, pero otros alimentos se cultivan en lugares lejanos. Muchos de los plátanos que comes se cultivan en Honduras, un país que está al sur de los Estados Unidos. Esos plátanos deben viajar miles de millas para llegar a ti.

En Honduras hace un tiempo perfecto para cultivar plátanos. El **tiempo** es cómo está el aire: caliente o frío, húmedo o seco. Los plátanos necesitan mucho calor y lluvia durante todo el año. El tiempo que hace en los Estados Unidos no es bueno para cultivar plátanos.

¿Cómo se cosechan los plátanos?

Los plátanos se cultivan en granjas grandes llamadas platanales.

Hay personas que viven y trabajan en los platanales. Algunas de ellas cuidan las plantas de plátanos y las protegen de los insectos y las malezas.

Para cosechar los plátanos hay que trabajar en parejas. Una persona corta los racimos cuando están verdes. La otra persona los carga. Tiene que ponerse una almohadilla en los hombros para que los plátanos no se dañen. Después engancha los plátanos a un cable móvil que los lleva hasta la planta empacadora.

¿Qué pasa en una planta empacadora?

En la planta empacadora las trabajadoras cortan los racimos. Unas lavan y pesan los plátanos. Otras los ponen con cuidado en cajas.

Luego ponen esas cajas en cajas más grandes de metal llamadas contenedores. En los contenedores los plátanos verdes se mantienen frescos. Si se dejan al calor, los plátanos pueden echarse a perder antes de llegar a tu mercado.

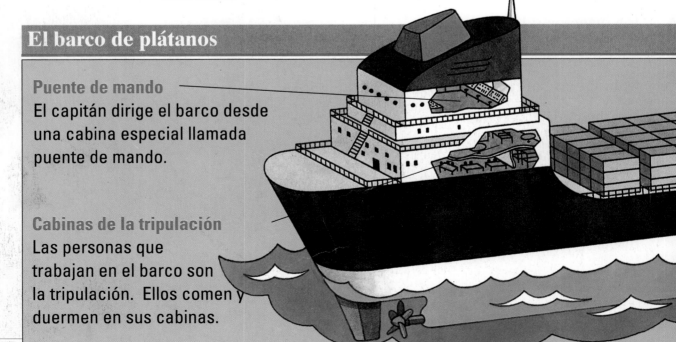

El barco de plátanos

Puente de mando
El capitán dirige el barco desde una cabina especial llamada puente de mando.

Cabinas de la tripulación
Las personas que trabajan en el barco son la tripulación. Ellos comen y duermen en sus cabinas.

¿Cómo llegan los plátanos a los Estados Unidos?

Los contenedores van en tren hasta Puerto Cortés, un puerto de mar de Honduras. Un **puerto de mar** es una ciudad junto al mar. En el puerto usan grúas para sacar los contenedores de los trenes y ponerlos en los barcos plataneros.

El capitán da la orden y el barco sale rumbo al mar. En menos de una semana llega a Gulfport, Mississipi, un puerto de mar de los Estados Unidos.

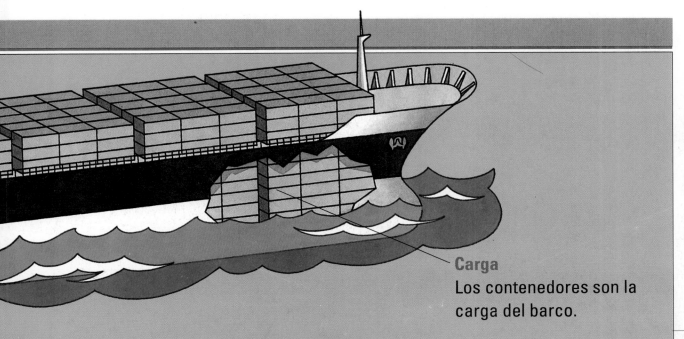

Carga
Los contenedores son la carga del barco.

Ruta de los plátanos

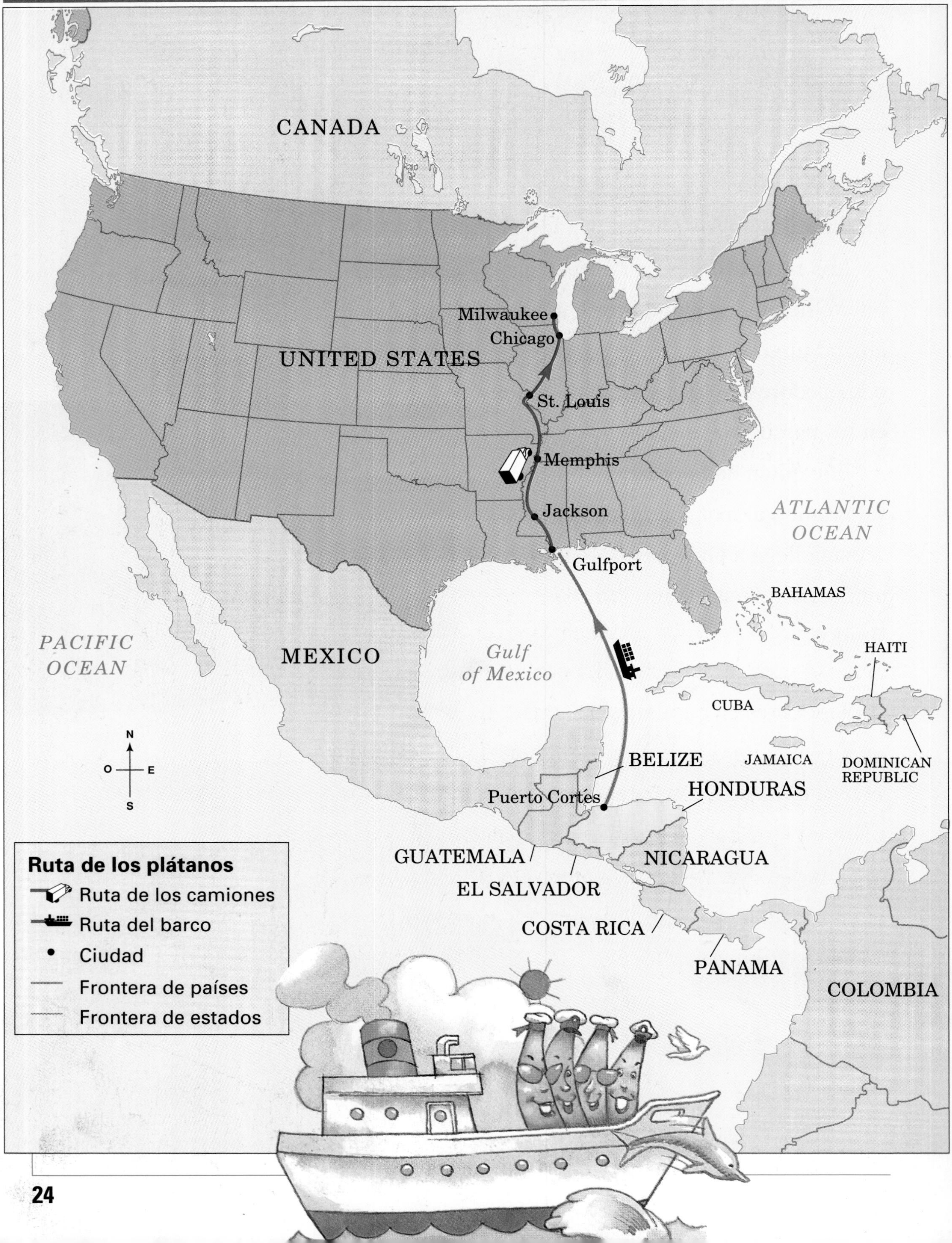

CANADA

UNITED STATES

Milwaukee
Chicago
St. Louis
Memphis
Jackson
Gulfport

ATLANTIC OCEAN

BAHAMAS

HAITI

PACIFIC OCEAN

MEXICO

Gulf of Mexico

CUBA

N
O   E
S

BELIZE

JAMAICA

DOMINICAN REPUBLIC

Puerto Cortés

HONDURAS

GUATEMALA

NICARAGUA

EL SALVADOR

COSTA RICA

PANAMA

COLOMBIA

Ruta de los plátanos

Ruta de los camiones

Ruta del barco

● Ciudad

Frontera de países

Frontera de estados

¿Cómo llegan los plátanos al mercado?

Cuando los plátanos llegan a los Estados Unidos todavía tienen un largo camino que recorrer. Los trabajadores del puerto ponen los contenedores en camiones de carga.

Los camioneros llevan los plátanos a las ciudades. ¿Qué te dice el mapa de la **ruta**, o camino, que siguen los plátanos? ¿A qué ciudad van esos plátanos?

Los camioneros manejan durante muchos días antes de dejar su carga. A veces trabajan en parejas para ayudarse.

25

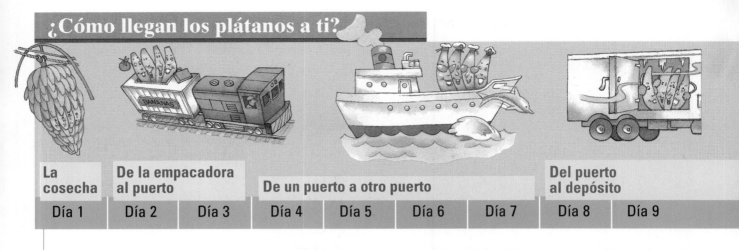

¿Cómo llegan los plátanos a ti?

La cosecha	De la empacadora al puerto		De un puerto a otro puerto				Del puerto al depósito	
Día 1	Día 2	Día 3	Día 4	Día 5	Día 6	Día 7	Día 8	Día 9

Los camioneros llevan los plátanos a los depósitos de alimentos. Los depósitos son edificios grandes donde se guardan muchos tipos de alimentos.

Casi nadie compra plátanos verdes. En los depósitos las cajas se ponen en cuartos de maduración. Allí, con el calor y la humedad, los plátanos maduran.

Los comerciantes compran los plátanos y otros alimentos que hay en esos depósitos.

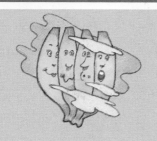

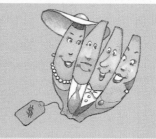

	Maduración en el depósito				Al mercado	En el mercado		
Día 10	Día 11	Día 12	Día 13	Día 14	Día 15	Día 16	Día 17	Día 18

¡Por fin los plátanos llegan a tu mercado! Han pasado casi dos semanas desde la cosecha.

Los plátanos viajaron muy lejos por tren, barco y camión. Muchas personas trabajaron a lo largo de la ruta para que esos plátanos lleguen a ti.

Allí están, listos para pesarlos y venderlos. Escoge un lindo racimo. ¿Tienes dinero? Paga al cajero. ¡Mmm! ¡Mmm! ¡Deliciosos!

REPASO

1. ¿Cómo llegan los plátanos desde donde se cultivan hasta tu lonchera?

2. ¿Cuáles son los trabajos que se hacen para que los plátanos lleguen a ti?

3. ¿Qué diferencias hay entre la cosecha de plátanos y la de cacahuates?

Aprendiste que los camiones
llevan plátanos y otras
mercancías por todo el país.
Lee este poema sobre los
camioneros de la ruta.

LITERATURA

LOS CAMIONES

Poema de Diane Siebert

Dibujos de Byron Barton

en los paraderos
los camioneros
se paran
para conversar
y
disfrutar de un bocado
tomando café
fuerte y caliente
y en la máquina de discos
oír una canción ranchera

se levanta, dice adiós
revisa otra vez la carga
sube a bordo del camión
y a la aventura se marcha

por grandes llanuras viaja
se fija en los espejos, cambia de carril
deja atrás las granjas y los campos de trigo
bajo la lluvia fría sigue su camino
el limpiaparabrisas el tiempo marca
y para subir la cuesta, de velocidad cambia

dobla las cerradas curvas
de la ruta de montaña
con nervios de acero
con vista de águila

los motores van a toda marcha
los camiones llevan mucha carga
el horario hay que cumplir
ya se termina el viaje
una curva más
otro viraje
deja atrás la carretera
para entrar en la ciudad
cada vez más despacito
despacito
despacito
hasta parar

¿Cómo crecen los plátanos?

Ya sabes cómo son los plátanos. ¿Qué sabes de las plantas de plátanos?

Las plantas de plátanos son muy altas. Pueden medir 25 pies de altura. ¡Son más altas que el techo del salón de clase! Las plantas de plátanos no tienen un tronco de madera como los árboles. Tienen un tronco formado por hojas que se enrollan unas sobre otras.

Fíjate en el dibujo de la planta de plátanos. Es un diagrama. Un **diagrama** muestra las partes importantes de algo. También da los nombres de esas partes.

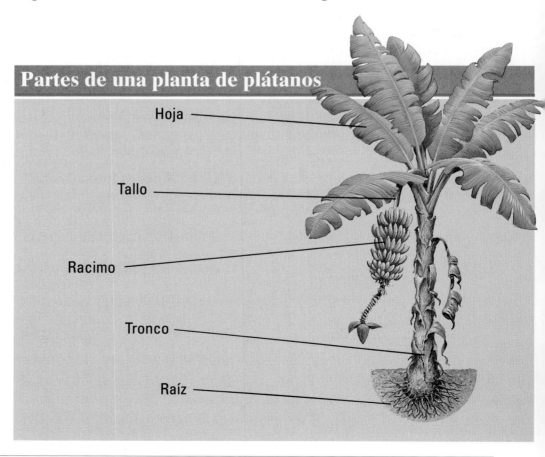

Partes de una planta de plátanos

Hoja

Tallo

Racimo

Tronco

Raíz

El diagrama de la página 34 muestra las hojas, el tallo, el tronco y la raíz. Busca el racimo de plátanos en el diagrama.

Las plantas de plátanos no crecen de semillas como otras plantas. Los diagramas de abajo muestran cómo crece una nueva planta de plátanos.

¿Cómo crece una planta de plátanos?

Planta madre

Brote

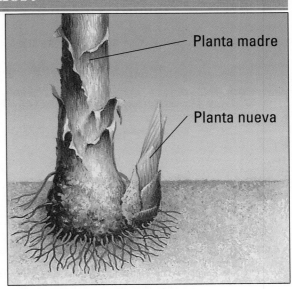

Planta madre

Planta nueva

Fíjate en el primer diagrama. Busca la planta madre. ¿Ves la pequeña parte que sale de la tierra? Así nace una nueva planta. ¿Qué le pasa a ese brote en el segundo diagrama?

¡Inténtalo!

Haz un diagrama. Dibuja el árbol que ves a la derecha. Muestra el tronco, las ramas y las hojas en tu diagrama. Escribe el nombre de esas tres partes y muestra dónde están.

Dependemos de otros

Tú dependes de muchas personas para que los alimentos lleguen a ti y para otras cosas. Piensa en la ciudad o el pueblo donde vives. Cada persona tiene un trabajo. Una ciudad o un pueblo necesita trabajadoras y trabajadores como maestros, médicos y bomberos. También necesita dentistas, vendedores de gasolina y comerciantes, entre otros. Tú dependes de su trabajo.

Esos trabajadores también dependen unos de otros. Mira el dibujo. ¿Cómo se necesitan estas personas?

Imagínate una ciudad o un pueblo sin estos trabajadores. ¿Qué pasaría si no hubiera dónde ponerle gasolina a los carros? ¿Cómo irían los bomberos a apagar los incendios? ¿Dónde compraríamos los alimentos si no hubiera mercados? ¿Cómo aprenderían los niños si no hubiera maestros?

En todos los pueblos o ciudades, todos dependemos unos de otros.

Otros dependen de ti

PIÉNSALO

¿Cómo dependen de ti los trabajadores de la alimentación?

Palabra clave

consumidor

Ahora sabes que tú dependes de los granjeros, los trabajadores de fábricas, los camioneros y los comerciantes para que los alimentos lleguen a ti. ¿Sabías que *ellos* también dependen de *ti*?

Tú compras la crema de cacahuate y los plátanos que ellos fabrican o siembran. La persona que compra alimentos y otras mercancías se llama **consumidor**. Cuando compras alimentos eres un consumidor. Parte del dinero que gastas paga a quienes siembran,

cosechan,

empacan,

transportan

y venden.

Las personas que trabajan para que los alimentos lleguen a ti dependen unas de otras. Los trabajadores de las fábricas dependen de los granjeros. Los granjeros dependen de los trabajadores de las fábricas. Los comerciantes dependen de los camioneros. Los camioneros dependen de los comerciantes. Y todos ellos dependen de los consumidores.

¿Qué harías tú sin ellos? ¿Qué harían ellos sin ti?

REPASO

1. ¿Cómo dependen de ti los trabajadores de la alimentación?
2. ¿Qué es un consumidor?
3. ¿Cómo dependen los trabajadores unos de otros?

Repaso de la Unidad 1

Palabras

consumidor
cosechar
cultivos
dependes
fábrica
puerto de mar
ruta
tiempo

Llena cada espacio en blanco con una de estas palabras.

1. Tú ____ de los granjeros para que los alimentos lleguen a ti.

2. En una ____ se hacen cosas con máquinas.

3. Los granjeros siembran los ____ en la primavera.

4. Cuando compras algo, eres un ____.

5. En Honduras hace un ____ perfecto para cultivar plátanos.

6. Los barcos dejan su carga en el ____ .

7. Busca en el mapa la ____ para ir a la biblioteca.

8. Los granjeros usan máquinas para ____ los cacahuates.

Ideas

1. ¿Qué trabajos se hacen para que la crema de cacahuate llegue a ti? ¿Y para que los plátanos lleguen a ti?

2. ¿Cómo dependen de ti los que hacen esos trabajos?

Destrezas

1. Fíjate en la leyenda del mapa de la página siguiente. Busca el símbolo de la gasolinera. Traza con el dedo la ruta desde la gasolinera a la escuela. ¿En qué dirección te moviste primero? ¿Y después?

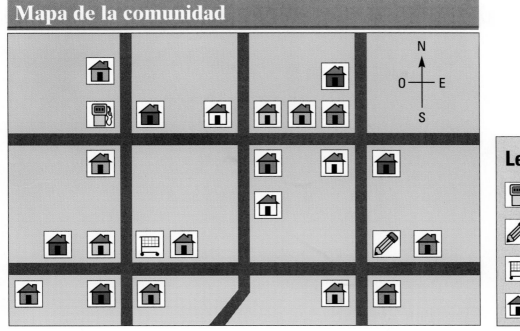

Mapa de la comunidad

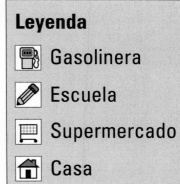
2. Fíjate en el mapa del mundo de las páginas 180 y 181. Busca el continente de Norteamérica *(North America)*. ¿Qué países hay en ese continente?

3. Busca el océano Pacífico *(Pacific Ocean)* en el mapa del mundo. Nombra uno de los continentes que lo rodean.

Actividades

1. ¿De qué trabajadores dependes para que los plátanos y la crema de cacahuate lleguen a tu mercado? Haz una lista con los otros niños y niñas. Dibuja a esos trabajadores. Hagan un mural con los dibujos.

2. Trabaja con uno o dos compañeros o compañeras. Dibujen el mapa de un lugar imaginario, como una isla o un castillo. Hagan una leyenda para el mapa. ¿Dónde está el norte en el mapa? Dibujen una rosa de los vientos en su mapa.

Unidad 2

Conoce a tu familia

Abuelito me cuenta historias
de cuando él era niño.
Tía Jane me manda tarjetas
para todos mis cumpleaños.

Mamá dice que me parezco
a muchos de mi familia.
Me alegro de que así sea
y de ser yo mientras crezco.

Conoce a tus antepasados

PIÉNSALO

¿Por qué son importantes para ti tus antepasados?

Palabra clave

antepasados

¿Eres alto o bajo? ¿Tienes el pelo rizado o lacio? ¿Sabías que te pareces a tus antepasados?

Tus **antepasados** son todos los miembros de tu familia que nacieron antes que tú, empezando por tu mamá y tu papá. Tus hermanas y hermanos no son tus antepasados. Pero tus papás, abuelos, bisabuelos, y sus papás, abuelos y bisabuelos, todos son tus antepasados.

Tienes muchas otras cosas de tus antepasados, además de los rizos del pelo. Quizás tu sonrisa o tu risa es como la de tu bisabuela o bisabuelo.

¿Te gusta parecerte a tus antepasados? Lee lo que dice una persona:

▲ *La bisabuela es la antepasada de todas las otras personas de la foto.*

Todos dicen

Todos dicen
que me parezco a mi mamá.
Todos dicen
que soy igualita a tía Mimí.
Todos dicen
que tengo la nariz de mi papá.
Pero yo sólo quiero parecerme a mí.

Poema de Dorothy Aldis

También aprendes muchas cosas de tus antepasados. Las mamás, papás y abuelitos les enseñan a los niños y niñas las cosas que les parecen importantes. Les enseñan cómo compartir con otros y lo importante que es trabajar bien en la escuela. ¿Qué cosas importantes te enseñan tus papás y tus abuelitos?

Muchas de las cosas que hacen las familias de hoy en día las hacían también sus antepasados. Algunas familias cocinan comidas especiales o celebran algunos días de la misma manera que lo hacían sus antepasados. Las personas de las fotos bailan las danzas que sus antepasados les enseñaron. Los niños y niñas aprenden estas cosas de sus papás o de sus abuelitos.

Los antepasados de la mayoría de las personas que viven en los Estados Unidos vinieron de otros países. Algunos de esos antepasados llegaron hace mucho, mucho tiempo. Los antepasados de los indígenas norteamericanos llegaron a los Estados Unidos mucho antes que todas las otras personas.

Todos tenemos antepasados. La tabla de abajo te muestra la relación de una niña con algunos de sus antepasados.

En las cinco lecciones siguientes vas a leer sobre algunos niños y niñas y sus familias. Esas cinco familias pueden ser muy parecidas a la tuya o muy diferentes.

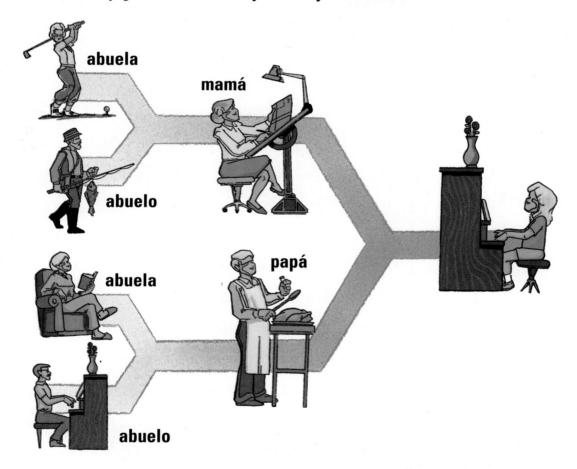

abuela

mamá

abuelo

abuela

papá

abuelo

REPASO

1. ¿Por qué son importantes para ti tus antepasados?
2. ¿Quiénes son tus antepasados?
3. ¿Qué puedes tener de tus antepasados?

Una familia de Camboya

PIÉNSALO

¿Qué tuvo que aprender la familia Suos cuando llegó a los Estados Unidos?

Palabra clave

día festivo

La familia Suos en Boston

Roattanak Suos vive en un departamento en Boston, Massachussetts. Él vive con su mamá, su papá, su hermano y su hermana. Su abuelita y su abuelito también viven con ellos.

Roattanak y su hermana nacieron en los Estados Unidos. La mayoría de los miembros de su familia nacieron en Camboya. Fíjate en el mapa de la página siguiente. ¿Dónde está Camboya?

En Boston, Roattanak puede jugar en la nieve durante el invierno. En Camboya no podía hacerlo porque allí nunca nieva.

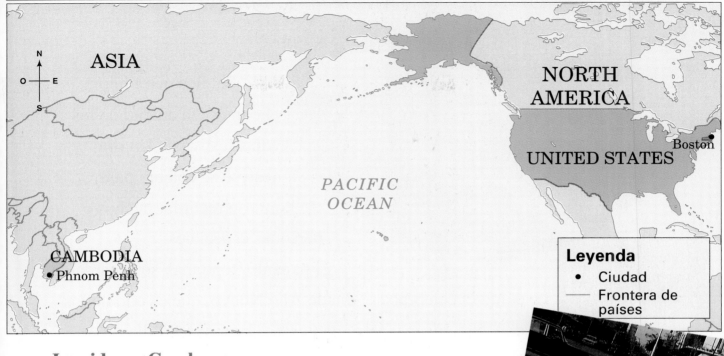

ASIA

NORTH AMERICA

UNITED STATES

Boston

PACIFIC OCEAN

CAMBODIA
• Phnom Penh

Leyenda
- • Ciudad
- — Frontera de países

La vida en Camboya

En Camboya siempre hace calor y muchas veces llueve. Las personas no usan ropa de abrigo. Muchos hombres y mujeres usan sarongs, un tipo de falda de tela de colores alegres. ¡Un sarong no te protege del frío durante el invierno en Boston!

En Camboya, el papá de Roattanak vivía con su familia en la ciudad de Phnom Penh. En esta ciudad no hay muchos carros. Casi todos andan en bicicleta. ¡Hasta los choferes de taxis conducen bicicletas de tres ruedas que parecen triciclos gigantes!

Una de los platos preferidos por los camboyanos

Se dice que Phnom Penh es "la ciudad de los días festivos". Un **día festivo** se celebra para honrar o recordar hechos o personas especiales.

El papá de Roattanak se acuerda de cómo él celebraba el día de Año Nuevo, que es uno de los días festivos más importantes de Camboya. El día de Año Nuevo se celebra en abril, no el 1º de enero como en los Estados Unidos. En ese día el papá de Roattanak cantaba y bailaba y comía platos especiales. También jugaba con otras niñas y niños.

El Ballet Real de Camboya danza en el Palacio Real de Phnom Penh.

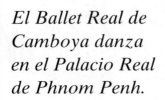

Los abuelitos, los papás, el hermano y algunos amigos antes de que la familia de Roattanak viniera a Boston

La vida en los Estados Unidos

Los papás y los abuelitos de Roattanak se fueron de Camboya porque allí había una terrible guerra. Decidieron venir a los Estados Unidos.

Al principio la vida en Boston no fue fácil para la familia de Roattanak. Imagínate que estás en un lugar donde no puedes entender nada de lo que dicen las personas. Imagínate que no sabes cómo comprar alimentos, cómo prender o apagar las luces o cómo leer los carteles. Eso les pasó a la mamá y al papá de Roattanak.

Para la familia de Roattanak todas las cosas en los Estados Unidos eran nuevas. Nunca habían visto un supermercado. En Camboya los alimentos frescos se compran en mercados al aire libre.

En Camboya las personas hacen las compras todos los días y sólo compran alimentos para ese día. ¿Cada cuántos días compra alimentos tu familia?

El dinero también era nuevo para la familia de Roattanak. Las monedas y los billetes de dólares de nuestro país son distintos del dinero camboyano. ¿Por qué crees que es más difícil usar un dinero distinto?

"¿Cómo se apagan las luces?" se preguntaban. En Camboya no hay interruptores en la pared. Hay que tirar de un cordón para prender o apagar la luz.

En Camboya no usan nuestro alfabeto. El papá de Roattanak estudió mucho para aprender a leer, escribir y hablar inglés.

Palabras de Camboya

Se escribe así	Se lee así	Quiere decir
ឈប់	(SAAP)	parar
គ្រូ	(GRU)	maestro
កូនស្រី	(KUN SRI)	niña
កូនប្រុស	(KUN PRU)	niño

Hoy en día la familia de Roattanak disfruta de la vida en los Estados Unidos. En verano van a la playa todos juntos. El abuelito de Roattanak todavía compra los alimentos todos los días.

El papá y la mamá de Roattanak conversan sobre la vida en Camboya. Les hablan a todos los miembros de la familia de las cosas que son importantes para ellos, como por ejemplo tener buenos modales y trabajar mucho en la escuela. Roattanak aprende las cosas buenas de los dos países.

REPASO

1. ¿Qué tuvo que aprender la familia Suos cuando llegó a los Estados Unidos?
2. ¿Qué cosas especiales hacían las personas en Phnom Penh?
3. ¿Qué diferencias hay entre la vida en Camboya y en los Estados Unidos?

Fíjate bien

Has leído sobre dos ciudades: Boston y Phnom Penh. Estas dos ciudades son *parecidas* en algunas cosas pero *diferentes* en otras.

¿En qué se parecen Boston y Phnom Penh? Las dos son ciudades grandes. ¿Qué diferencias hay entre ellas? En las calles de Boston hay muchos carros. En las calles de Phnom Penh hay muchas bicicletas.

Fíjate en las fotos de abajo y lee sobre Lak y Katie. ¿En qué se parecen Lak y Katie? ¿Qué diferencias hay entre ellas?

▲ *Katie tiene ocho años. Lleva puestos una blusa y pantalones.*

▲ *Lak tiene ocho años. Lleva puesto un sarong.*

Cuando lees o miras dibujos o fotos te das cuenta que los lugares y las personas se parecen en algunas cosas y son diferentes en otras.

¡Inténtalo!

Fíjate en las fotos y lee las oraciones. ¿En qué se parecen estos lugares? ¿Qué diferencias hay entre ellos?

◄ *De compras en un supermercado de Boston*

◄ *De compras en un mercado al aire libre de Phnom Penh*

Dos países, dos tradiciones

PIÉNSALO

¿Qué tradiciones celebra Teresa?

Palabras clave

historia
tradición

Imagínate que vives en la misma casa donde creció tu abuelita. Teresa Sánchez vive en la casa donde crecieron su abuelita y su mamá. Teresa también va a la misma escuela que fueron ellas.

Hace muchos años que la familia de Teresa vive en East Los Ángeles, California. Sus antepasados vinieron de México. Teresa y su familia hablan español, el idioma que se habla en México. También hablan inglés. Cocinan comidas de los Estados Unidos y de México. También celebran los días festivos de los dos países.

Teresa y su primo

Jalisco, México

UNITED STATES

California

Los Angeles

N
O · E
S

PACIFIC OCEAN

MEXICO

Gulf of Mexico

Jalisco

Leyenda
● Hogar de Teresa
— Frontera de estados
— Frontera de países

El papá de Teresa llegó a los Estados Unidos cuando tenía 22 años de edad. Vino del estado mexicano de Jalisco. Hoy en día, trabaja como instalador de alfombras en California. El abuelito Sánchez y otros miembros de la familia de Teresa todavía viven en México.

La mayoría de los antepasados de Teresa eran granjeros en México. Vivían en verdes valles rodeados de montañas. El abuelito Sánchez también es granjero.

▼ *En Jalisco hacen tazones con dibujos como éste.*

57

Los dos idiomas de Teresa

Cuando Teresa y su abuelito Sánchez se visitan, él le cuenta cómo eran las cosas cuando él era niño. Le cuenta a Teresa la historia de su familia. La **historia** son todas las cosas que pasaron.

Teresa habla en español con su abuelo. El abuelito Sánchez no habla inglés. Teresa habla español y también inglés. Estas son algunas palabras que Teresa usa en inglés y en español. Por supuesto, ella sabe muchas, muchas más. ¿Cuántas de estas palabras sabes tú?

Los dos idiomas de Teresa		
Español		Inglés
niña		girl (guerl)
casa		house (jaus)
niño		boy (boi)
libro		book (buk)
gato		cat (cat)
fruta		fruit (frut)

Los dos tipos de comida de Teresa

La familia de Teresa hace comidas de los dos países. A veces comen hamburguesas con panecillos. Otras veces sirven arroz mexicano para la cena.

En la familia de Teresa es una tradición preparar platos especiales en los días festivos. Una **tradición** es algo que se hace de la misma manera durante muchos años. La abuelita de Teresa prepara buñuelos para el día de Año Nuevo. Los buñuelos son una tradición en México. Son pequeños trozos de masa fritos. Después de cocinarlos, la abuelita les echa un poco de azúcar y canela. A veces prepara un almíbar con azúcar y canela. ¡Son riquísimos!

Buñuelos

1. Se prepara la masa.

2. Se les da forma.

3. Se fríen.

4. Se les echa azúcar y canela.

Los días festivos de los dos países

Teresa celebra los días festivos mexicanos y estadounidenses. El 15 y el 16 de septiembre su familia celebra el Día de la Independencia de México. Es una tradición hacer fiestas para celebrar esos días. Las fiestas son como ferias o grandes picnics. Estas fotos muestran lo que Teresa puede ver en una fiesta. Las personas se ponen trajes vistosos. Bailan, comen platos especiales y participan en juegos.

La familia de Teresa también celebra el Día de Acción de
Gracias y el Cuatro de Julio, que son días festivos
tradicionales en los Estados Unidos.

Muchos de los vecinos de Teresa y de los niños de su clase
tienen antepasados mexicanos. En la escuela aprenden la
historia y cuáles son los días festivos de los dos países.

La familia de Teresa habla dos
idiomas y celebra los días festivos
de dos países. Se sienten
afortunados por tener tradiciones
de los dos países.

REPASO

1. ¿Qué tradiciones celebra Teresa?
2. ¿Cómo mantiene las tradiciones de los dos países la familia de Teresa?
3. ¿Qué tradiciones son importantes para tu familia?

¿Qué haces tú?

Teresa y su familia tienen tradiciones mexicanas y estadounidenses. Algunas de esas tradiciones son las comidas que preparan y los días festivos que celebran.

La forma en que celebras tu cumpleaños es una tradición. El pastel con una velita por cada año que cumples es una tradición en muchos países. Pero no todos celebran los cumpleaños así. Veamos cómo se celebran los cumpleaños en otros países.

En Dinamarca se ponen banderas fuera de las casas para celebrar los cumpleaños. En Rusia se hace una tarta de cumpleaños.

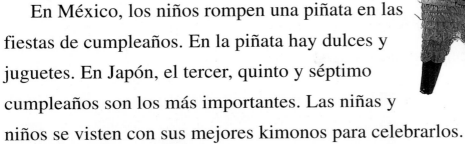

En México, los niños rompen una piñata en las fiestas de cumpleaños. En la piñata hay dulces y juguetes. En Japón, el tercer, quinto y séptimo cumpleaños son los más importantes. Las niñas y niños se visten con sus mejores kimonos para celebrarlos.

Muchas otras cosas son tradiciones. Por ejemplo, el árbol de Navidad es una tradición que viene de Alemania. El pavo que se sirve en el Día de Acción de Gracias es una tradición que empezó en los Estados Unidos.

Una tradición es algo que se hace de la misma manera durante muchos años. Las familias enseñan sus tradiciones a sus hijos e hijas. Todos tenemos tradiciones. Piensa en las tradiciones de tu familia.

La vida hace mucho tiempo

David Schweizer vive en un suburbio de Chicago, Illinois. Un **suburbio** es una comunidad que está cerca de una gran ciudad. David puede ir caminando a la escuela porque queda muy cerca de su casa. Antes de ir a la escuela, a David le gusta jugar con su computadora. Después de la escuela, él juega con sus amigos y amigas del vecindario.

A David le gusta la comunidad donde vive. Ha vivido ahí toda su vida. Sus antepasados, sin embargo, vivieron en muchos lugares distintos.

PIÉNSALO

¿Qué sabe David de sus antepasados?

Palabra clave

suburbio

David y su hermana

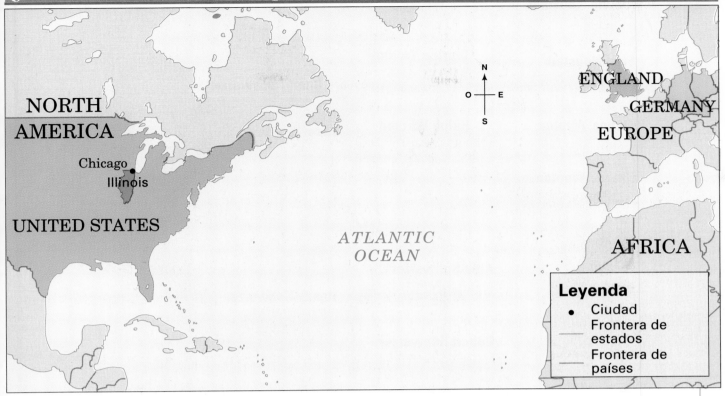

NORTH
AMERICA

Chicago
Illinois

UNITED STATES

ATLANTIC
OCEAN

N
O   E
S

ENGLAND
GERMANY
EUROPE

AFRICA

Leyenda
- Ciudad
  Frontera de estados
  Frontera de países

La bisabuela Neustadt

La bisabuela de David, Hedwig Neustadt, nació en Alemania. Vino a los Estados Unidos cuando tenía nueve años. Su papá había oído hablar muy bien de los Estados Unidos, y decidió irse de Alemania y venir aquí.

El papá de Hedwig no tenía dinero para traer a toda su familia al mismo tiempo. Vino solo. Ahorró dinero mientras trabajaba para un granjero y mandó buscar a su familia.

Hedwig con su familia

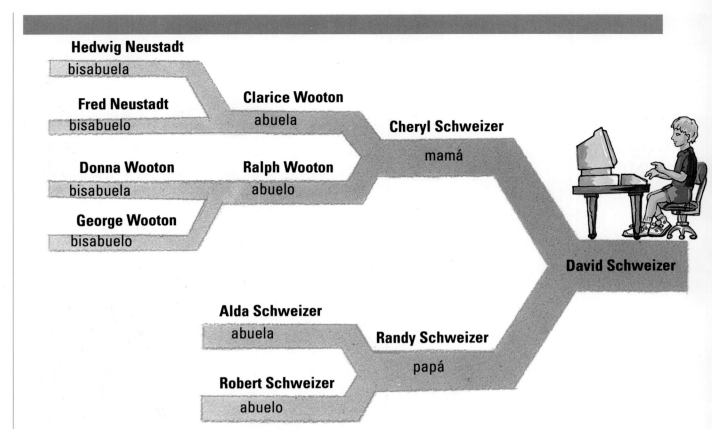

Hedwig Neustadt
bisabuela

Fred Neustadt
bisabuelo

Clarice Wooton
abuela

Cheryl Schweizer
mamá

Donna Wooton
bisabuela

Ralph Wooton
abuelo

George Wooton
bisabuelo

David Schweizer

Alda Schweizer
abuela

Randy Schweizer
papá

Robert Schweizer
abuelo

Hedwig, sus hermanos y su mamá vinieron en barco a los Estados Unidos. Llegaron a una isla llamada Ellis Island que está en el puerto de New York.

Hedwig fue a la escuela y aprendió inglés. Cuando tenía tan sólo doce años dejó la escuela para ir a trabajar. Tenía que ganar dinero para ayudar a su familia. En aquellos días, muchas niñas y niños trabajaban. A Hedwig le encantaba leer y aprendió muchas cosas sola. Cuando Hedwig creció, se casó con Fred Neustadt y fueron a vivir a una granja. Tuvieron una hija, Clarice, que es la abuelita de David.

La bisabuela Hedwig Neustadt

El bisabuelo Wooton

Uno de los bisabuelos de David, George Wooton, creció en Arkansas. Los antepasados de la familia Wooton llegaron de Inglaterra hace mucho tiempo. Algunos fueron a vivir a una granja cerca de Flippin, Arkansas.

El bisabuelo Wooton se casó y se mudó con su esposa cerca de Binger, Oklahoma. Esto pasó mucho antes de que hubiera carros. Viajaron en una carreta. Demoraron 22 días en ir de Flippin a Binger. Hoy en día, en un carro, puedes hacer ese viaje en un día.

De Flippin, Arkansas, a Binger, Oklahoma: ¿Cuánto tiempo lleva?	
Carreta cubierta	22 días
Tren	3 días
Carro	1 día
Avión	1 hora

▲ *Los bisabuelos de David llevaban ollas y sartenes como éstos en su carreta.*

Los bisabuelos de David extrañaban las verdes colinas y los tranquilos arroyos de Arkansas. Por eso, después de un año volvieron a una granja cerca de Flippin.

En aquellos días los granjeros no tenían máquinas para trabajar. Usaban caballos y mulas en su lugar. El bisabuelo Wooton tenía un par de mulas. Una era negra y otra rojiza. Las

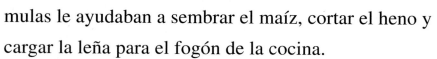

mulas le ayudaban a sembrar el maíz, cortar el heno y cargar la leña para el fogón de la cocina.

Ralph, el hijo del bisabuelo Wooton, creció en una granja cerca de Flippin. Él es el abuelito de David.

La bisabuela y el bisabuelo de David con su familia

La mamá de David, Cheryl, y su hermano, cuando eran niños

Ralph Wooton conoció a Clarise Neustadt. Se casaron y se fueron a Missouri, donde todavía viven. Tuvieron una hija, Cheryl, que es la mamá de David.

A David le gusta visitar a sus abuelitos. Ellos viven en el mismo lugar donde creció la mamá de David. Cuando David los visita, su abuelito lo lleva a pescar. A veces le cuenta cómo vivían sus antepasados.

REPASO

1. ¿Qué sabe David de sus antepasados?
2. ¿Qué diferencias hay entre la vida de la bisabuela Neustadt y la vida de David?
3. ¿Qué diferencias hay entre tu vida y la vida de tus antepasados?

Busca el camino

Los antepasados de David crecieron en granjas. Tenían que viajar lejos para visitar a sus amigos o ir a una tienda. David vive en un suburbio. Las casas y las tiendas están cerca unas de otras.

Fíjate en el mapa de la página siguiente. Te muestra el vecindario de David. Busca la casa de David en el mapa. Busca la biblioteca. ¿Cómo puede ir David a la biblioteca? Traza una ruta con el dedo.

Las calles dividen el mapa en cuadras. Las calles forman una cuadrícula en el mapa. Las líneas de una **cuadrícula** dividen un mapa en cuadrados pequeños.

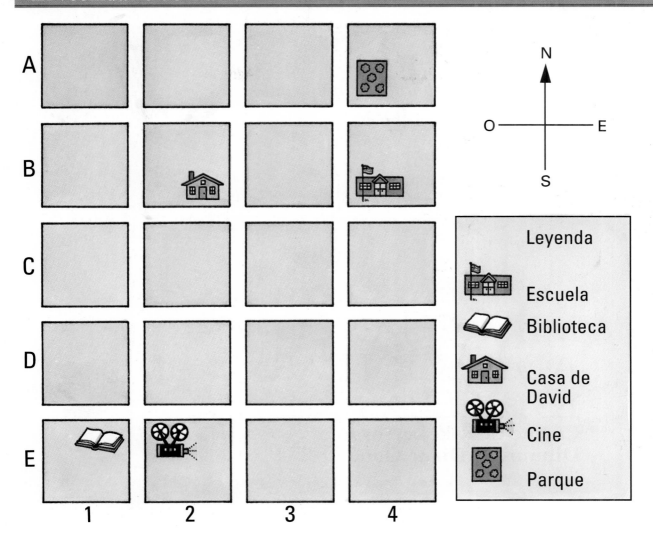

La cuadrícula nos ayuda a encontrar un lugar en un mapa. Busca las letras a la izquierda del mapa. Luego busca los números en la parte de abajo del mapa.

La escuela está en el cuadrado B4. Señala la letra B con el dedo. Mueve tu dedo hacia la derecha hasta que esté encima del número 4. Ese es el cuadrado B4.

¡Inténtalo!

Usa el mapa de arriba. ¿Cuál es el cuadrado E1? ¿Cuál es el cuadrado E2? ¿En qué cuadrado está el parque?

Has leído sobre distintas familias. Muchas de esas familias tenían un antepasado que llegó de otro país. En esta historia, una niña cuenta lo que pasó cuando su bisabuela vino a los Estados Unidos.

LITERATURA

MIRA CUANDO APARECEN LAS ESTRELLAS

Cuento de Riki Levinson
Dibujos de Diane Goode

Mi abuelita me contó que cuando su mamá era niña era pelirroja como yo.

A la mamá de la abuelita le gustaba acostarse temprano y mirar cuando aparecían las estrellas, igual que a mí.

Todos los viernes por la noche, después de guardar los platos, la mamá de abuelita iba a su cuarto y le contaba una historia especial.

Cuando yo era niña, mi hermano mayor y yo vinimos en un barco grande a los Estados Unidos. Mamá, papá y nuestra hermana nos estaban esperando.

Mi tía, la hermana de mamá, nos acompañó hasta el barco. Mis dos hermanos menores no vinieron porque eran muy pequeños. Iban a venir en barco cuando fueran más grandes.

Mi tía nos dio un barril lleno de frutas secas. Le pidió a una anciana que nos cuidara. La anciana nos cuidó pero también se comió nuestra fruta seca.

La anciana, mi hermano y yo bajamos una escalera para ir a nuestra cabina. Yo contaba los escalones mientras llevábamos nuestros bultos, pero había tantos escalones que me olvidé de contar después de un rato.

A veces el barco se movía de un lado a otro. ¡Era bien divertido! A algunas personas no les gustaba. Se sentían mal. La anciana se puso muy, muy enferma y murió.

Mi hermano me dijo que no me preocupara. Él podía cuidar de mí: ya tenía diez años.

Por la noche, cuando nos íbamos a dormir, yo no podía ver cuando aparecían las estrellas en el cielo. Eso me ponía muy triste.

Todas las mañanas, cuando nos
levantábamos, mi hermano hacía una marca
en un palo. Yo las conté: eran veintitrés.

La última mañana miramos a lo lejos. Se
veían dos islas, una cerca de la otra. En una
de ellas había una estatua de una señora con
una corona. Todos estaban muy contentos y
saludaban con las manos. Yo también.

Cuando el barco paró bajamos por la pasarela con nuestros bultos.

Yo me puse a llorar. No veía ni a mamá, ni a papá ni a mi hermana. Un marinero me dijo que no me preocupara, que los íbamos a ver pronto.

Fuimos en otro barco hasta la isla.

Llevamos nuestros bultos a un cuarto enorme. Mi hermano y yo fuimos a un cuarto pequeño con todos los otros niños que no estaban con el papá ni la mamá.

Una señora me revisó de arriba abajo. Yo me preguntaba por qué.

Esperé a mi hermano. La señora también lo revisó.

Al día siguiente viajamos en
un transbordador. La tierra se
veía más y más cerca. Todos
saludaban con las manos.
Nosotros también.

¡Mamá, papá y nuestra
hermana estaban allí!

Tomamos un tranvía para ir a nuestra casa.
Mamá dijo que era un palacio.

El palacio de mamá estaba en el último piso.
Mientras subíamos conté los escalones: ¡había
cincuenta y dos!

El cuarto de mamá y papá estaba en el medio.
Nuestro cuarto estaba en el frente. Y en la parte de
atrás estaba la cocina con una estufa grande y negra.

Mamá calentó una olla grande de agua en la estufa. Echó un poco en el fregadero y me ayudó a meterme en el agua.

Mamá me lavó el pelo y me lo cepilló. Me sentía bien.

Nuestra hermana nos sirvió galletas y té.

Yo estaba muy cansada.

Le di un beso de buenas noches a mamá y a mi hermana. Papá me acarició la cabeza y me dijo que yo era su pequeña princesa. Fui a nuestro cuarto y me subí a la cama de mi hermana. Estaba al lado de la ventana.

Miré cuando aparecían las estrellas. Una, dos, tres.

Este viernes a la noche me iré a la cama temprano para ver cuando aparecen las estrellas.

Ojalá que abuelita venga a mi cuarto a contarme otra historia especial.

¿Qué llevo?

Los antepasados de David vinieron a los Estados Unidos desde muy lejos. Para venir, tuvieron que decidir qué cosas traer. No podían traerlo todo.

Hace mucho tiempo, muchas familias llegaban a los Estados Unidos con unas pocas maletas o baúles. Traían sólo la ropa que necesitaban. Muchas personas traían también unas pocas fotos y algún otro recuerdo de la familia.

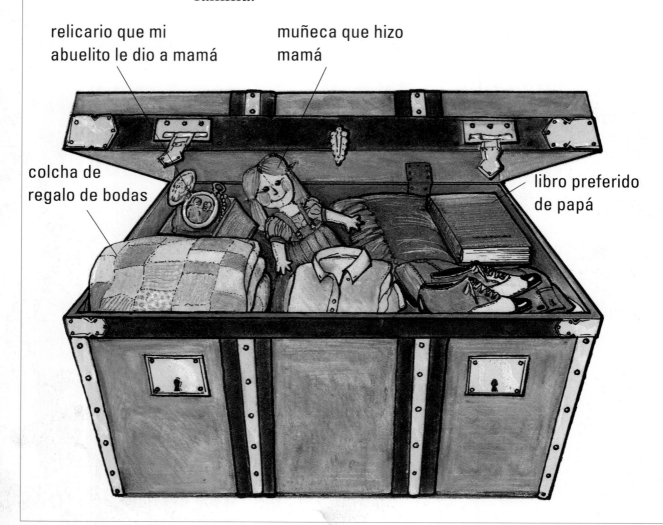

relicario que mi abuelito le dio a mamá

muñeca que hizo mamá

colcha de regalo de bodas

libro preferido de papá

Imagínate que vas a vivir a otro lugar y que puedes llevar sólo una maleta. ¿Qué pondrías dentro?

¿Qué necesitarías? Necesitarías ropa, por supuesto. ¿Qué ropa llevarías? ¿Qué otra cosa es muy importante para ti? ¿Cabe en la maleta?

Fíjate en las fotos. ¿Qué llevarías? ¿Qué dejarías?

Haz una lista de las cosas que llevarías. Acuérdate que todo debe entrar en una maleta. ¿Por qué escogiste esas cosas?

La vida ahora y antes

PIÉNSALO

¿Qué diferencias hay entre la vida de David y la de sus antepasados?

Palabra clave

educación

Éste es David Winslow. Está en segundo grado y vive con su mamá, su papá y su hermana. Ellos viven en un suburbio de St. Louis, Missouri.

Mientras su mamá y su papá trabajan, David va a un programa de actividades para después de la escuela. Va de paseo al campo y juega con otras niñas y niños.

A David le gusta jugar al béisbol y especialmente al fútbol cuando no está en la escuela. También le gustan los juegos de video y armar modelos de carros y aviones.

Leyenda
- ● Hogar de David
- ▲ Donde vivió la abuelita
- ■ Donde vivió el abuelito
- — Frontera de estados

La abuelita Winslow

La vida era diferente cuando la abuela y el abuelo de David eran niños. La abuelita Winslow creció en una granja cerca de Macon, Mississippi. Tenía nueve hermanos y cuatro hermanas. En la granja había mucho trabajo, pero también había tiempo para jugar.

La abuelita Winslow no compraba juguetes en la tienda. Inventaba sus juguetes. Para hacer una casa de muñecas usaba cajas. Para jugar a la matatena usaba una piedra grande en lugar de una pelota y piedras pequeñas en lugar de tabas.

La abuelita Winslow tenía que hacer tareas de la granja. Todas las mañanas batía la crema para hacer mantequilla. Batir quiere decir revolver bien rápido. Primero uno de sus hermanos ordeñaba las vacas. Después dejaban la leche afuera, en un tazón, toda la noche. La crema de la leche subía a la superficie.

A la mañana siguiente, la abuelita ponía la crema en una mantequera grande de madera. Con un palo largo batía y batía hasta que la crema se hacía mantequilla. Le llevaba mucho tiempo y se le cansaban los brazos. A la abuelita le encantaba la granja, pero no le gustaba batir la crema.

Cultivos en Mississippi

El abuelito Winslow

El abuelito Winslow creció en East St. Louis, Illinois. East St. Louis es una ciudad que está frente a St. Louis, justo al otro lado del río Mississippi. *East* quiere decir este. ¿Por qué crees que se llama East St. Louis?

Al abuelito Winslow le gustaba jugar al béisbol con sus amigos cuando era niño. A él también le gustaba hacer sus juguetes. Se había hecho su propia patineta con las ruedas de un patín. Le puso ruedas a una tabla de madera. También hizo su propio papalote, o cometa. Usó palos y papel de periódico. Después hizo la cola con trozos de trapo.

David hoy en día

La vida de David es diferente de la vida de sus antepasados. Sin embargo, de alguna manera David se parece mucho a ellos. A su papá y a su abuelito les encantan los deportes. A David también.

El papá de David aprendió de su papá a arreglar y hacer cosas. Ahora David está aprendiendo de su papá a hacer lo mismo. A él le encanta mirar a su papá y aprender a usar las herramientas.

David también está aprendiendo lo importante que es la educación. Recibir **educación** es ir a la escuela para aprender ideas, hechos o destrezas. La mamá de David terminó la universidad cuando él era un bebé. Fue mucho trabajo, pero la educación era algo muy importante para ella. La mamá y el papá de David quieren que él y su hermana también vayan a la universidad.

David, su mamá y su papá aprenden juntos la historia de otros estadounidenses como ellos. Están orgullosos de todos aquellos que trabajaron para que tengamos una vida mejor.

Una de las mejores cosas que David aprendió de sus antepasados es lo importante que es su familia. La tabla de abajo te muestra los nombres de algunos antepasados de David.

Hattie Payne
abuela

Lee Payne Jr.
abuelo

Brenda Winslow
mamá

Odell Winslow
abuela

David Anson Winslow
papá

Homer Winslow
abuelo

David Anson Winslow II

REPASO

1. ¿Qué diferencias hay entre la vida de David y la de sus antepasados?

2. ¿En qué se parece David a sus antepasados?

3. ¿Qué juegos o juguetes podrías hacer tú?

Mucho tiempo aquí

En la belleza, caminaré.
En la belleza, serás mi imagen.
En la belleza, serás mi canción.
de la Ceremonia del Camino Nocturno
de los navajos

Este poema habla de la tierra donde vive
Melanie Begaye. Melanie tiene ocho años y vive
con su familia cerca de Round Rock, Arizona. Sus
antepasados vivieron en esta tierra durante muchos
años, antes de que los Estados Unidos fueran un
país. Melanie y su familia son navajos.

La tierra donde vive Melanie es hermosa, pero allí llueve muy poco. A veces hay que traer agua desde muy lejos. Allí hay poca hierba. La tierra es de distintos tonos de color café con grandes rocas rojas.

Cerca de donde vive Melanie no hay grandes ciudades ni edificios altos. Si Melanie mira a lo lejos, ve grandes distancias. Puede ver las montañas.

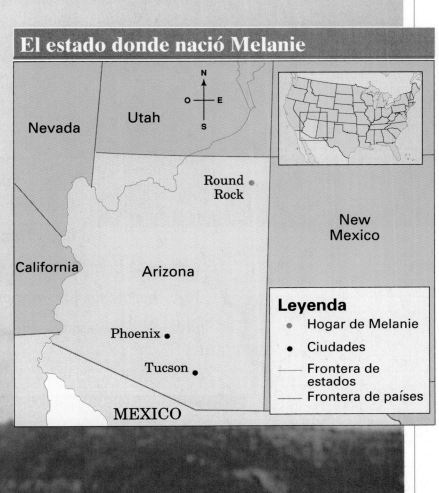

El estado donde nació Melanie

Nevada

Utah

N
O—E
S

Round Rock

New Mexico

California

Arizona

Phoenix

Tucson

MEXICO

Leyenda
- Hogar de Melanie
- Ciudades
— Frontera de estados
— Frontera de países

Cuando Melanie vuelve de la escuela anda en su caballo Rayo. Ella monta a caballo desde que tenía tres años.

También monta en bicicleta.

A Melanie le gusta visitar a su abuelita y su abuelito que viven en las cercanías. Ellos crían ovejas y otros animales. A veces Melanie ayuda a su abuelita Nez a reunir el rebaño de ovejas.

La abuelita Nez teje alfombras con la lana de las ovejas. **Tejer** quiere decir trenzar hilos para hacer una tela.

La abuelita demora seis semanas en hacer una alfombra. Tejer hermosas alfombras es una tradición de los navajos que viene desde hace mucho, mucho tiempo.

Los dibujos de las alfombras no están escritos. Las tejedoras los saben de memoria y se los enseñan a sus hijas.

Algunas tejedoras compran los hilos, pero otras los hacen ellas mismas. Para eso esquilan o cortan la lana de las ovejas.

Las tejedoras limpian la lana y la retuercen hasta formar un hilo.

A veces las tejedoras colorean los hilos con tintas que compran en la tienda. Otras veces usan plantas para hacer las tintas. Para hacer este color se usa un arbusto llamado enebro.

Este color se hace con cáscaras de cebolla.

Lucy, la tía de Melanie, también teje. Esta foto muestra a la tía Lucy empezando a tejer una alfombra.

Melanie aprende otras cosas de su familia. A sus abuelitos les gusta contar historias en invierno. Después de la cena, cuando el sol se oculta, la familia se reúne junto al fuego. Los abuelitos de Melanie cuentan historias del astuto coyote que siempre se sale con la suya. Las historias de coyotes son una tradición entre los navajos.

Melanie aprendió muchas tradiciones de la familia. Aprendió a compartir sus cosas y a cuidar a otras personas. Muy a menudo cuida a Merrell, su hermanito menor. Aprendió a compartir los alimentos y la ropa con quienes los necesitan.

Melanie también entiende y sabe decir algunas palabras del idioma navajo. Aprendió a cuidar a las ovejas. Sus abuelitos le enseñaron historias de coyotes. Algún día, ella les enseñará a sus nietos todas esas cosas.

REPASO

1. ¿Qué tradiciones aprendió Melanie de su familia?
2. ¿Cómo aprendieron la abuelita y la tía Lucy los dibujos para sus alfombras?
3. La foto de las páginas 90 y 91 muestra la tierra donde vive Melanie. Dibuja las cosas que hay alrededor de tu casa.

Trabajar y compartir

Una costumbre que Melanie aprendió de los navajos es la de compartir sus cosas. Cuando trabajamos en un proyecto en la escuela también tenemos que compartir.

Las personas que trabajan en un grupo comparten cosas como las tijeras o el pegamento. También comparten sus ideas. Aprenden unos de otros y se ayudan unos a otros. Cada uno puede hacer algo importante.

Lee esta lista. Te dice lo que debes hacer cuando trabajas en grupo.

1. Di a los otros tus ideas sobre el proyecto.
2. Escucha las ideas de los otros.
3. Ayuda a hacer el trabajo.

Estas niñas y niños hacen una alfombra de papel como la de los navajos. Entre todos hicieron un plan de los dibujos de la alfombra. Cada uno pudo hablar mientras que los otros escuchaban. Ahora están haciendo la alfombra. Cada uno comparte sus ideas con los demás. Todos ayudan a hacer una hermosa alfombra.

¡Inténtalo!

Puedes trabajar con otros para hacer una alfombra de papel. Trabaja con una o dos niñas o niños. Hazlo así:

1. Escoge una figura para poner en la alfombra. Puede ser un círculo, un cuadrado o la forma de un animal. Dibuja una figura fácil de cortar.

2. Decidan juntos cómo va a ser la alfombra. Usen las figuras de todos los del grupo. Repitan cada figura varias veces. Compartan las ideas.

3. Trabajen juntos para hacer la alfombra de papel.

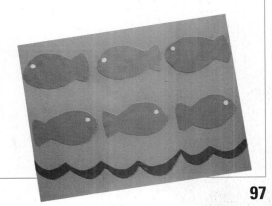

Repaso de la Unidad 2

Palabras

antepasados
día festivo
educación
historia
suburbio
tejer
tradición

Une cada palabra con lo que quiere decir:

1. miembros de tu familia que nacieron antes que tú, empezando por tu mamá y tu papá
2. trenzar hilos para hacer una tela
3. comunidad que está cerca de una gran ciudad
4. día para honrar o recordar hechos o personas especiales
5. todas las cosas que pasaron
6. aprender ideas, hechos o destrezas
7. algo que se hace de la misma manera durante muchos años

Ideas

1. Haz una lista de las cosas que tienen que aprender las personas que se van a vivir a otro país.
2. ¿Qué diferencias hay entre la vida de los niños de antes y los de hoy en día?
3. Teresa Sánchez y Melanie Begaye aprendieron muchas tradiciones de sus familias. ¿Cuáles son algunas de esas tradiciones?

Destrezas

1. Fíjate en las fotos de la página siguiente. ¿En qué se parecen? ¿Qué diferencias hay entre ellas?

En una granja

En la ciudad

2. Fíjate en la cuadrícula del mapa. Pon el dedo sobre la letra B. Mueve el dedo hasta el cuadrado de la hilera 2. ¿Cómo se llama ese cuadrado?

4. ¿En qué cuadrado está la biblioteca?

El vecindario de David

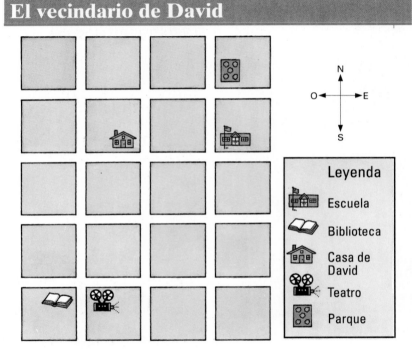

N
O ◀ ▶ E
S

Leyenda

Escuela
Biblioteca
Casa de David
Teatro
Parque

Actividad

1. Trabaja con una o dos niñas o niños. Hagan una lista de las cosas que podemos tener de nuestros antepasados. Hagan un cartel que muestre esas cosas.

2. Trabaja con los otros niños y niñas de tu clase. Hagan una lista de los lugares de donde vinieron los antepasados de las personas de las lecciones. Busquen esos lugares en el mapa del mundo del salón de clase.

Unidad 3

La vida en nuestro país

En mi país tan querido
mi vida, mis juegos, mi trabajo
con mi familia y mis amigos
comparto.
Símbolos y celebraciones
muestran el orgullo que
sentimos por la nación que
tanto queremos.

Somos un solo país

ARCTIC OCEAN

¿Por qué somos un país?

Palabra clave

ciudadano

Los países son de distintas formas y tamaños. Nosotros vivimos en un país que se llama los Estados Unidos de América. Nuestro país tiene 50 estados. Casi todos los estados están en una zona, pero dos están lejos. Esos estados se llaman Alaska y Hawaii. Alaska está en el norte. Hawaii es un grupo de islas que está en el océano Pacífico.

Todos los estados forman nuestro país. Busca los Estados PACIFIC Unidos de América *(United OCEAN States)* en el mapa.

CANADA

UNITED STATES

MEXICO

ATLANTIC
OCEAN

Gulf of Mexico

— Frontera de países
— Frontera de
   estados

Nuestro país es como una gran familia. ¿Cuántas personas hay en tu familia? ¿Dos? ¿Tres? ¿Cuatro o más? Imagínate una familia formada por millones de personas.

En nuestro país hay millones de ciudadanos. Un **ciudadano** es una persona que pertenece a un país. Los niños y los adultos son ciudadanos. Estas fotos muestran ciudadanos de nuestro país.

No todos nosotros pensamos igual. No todos hacemos el mismo trabajo. No estamos de acuerdo en todo. Pero todos vivimos en el mismo país: los Estados Unidos.

Los ciudadanos de un país compartimos muchas cosas. Tenemos una bandera. Tenemos un presidente. Muchas de las cosas en que creemos son las mismas. Una de las cosas más importantes en que creemos es que todas las personas tienen que ser libres. ¿Por qué otras razones somos un país?

REPASO

1. ¿Por qué somos un país?
2. ¿Quiénes son ciudadanos?
3. Pregúntales a algunos adultos por qué les gusta ser ciudadanos de nuestro país. Escribe sus respuestas.

Celebramos juntos

¿Por qué celebramos los días festivos en nuestro país?

Palabras clave

celebrar
colonia

Los días festivos son parte de la historia de nuestro país. Todos los años los celebramos juntos. **Celebrar** es hacer cosas especiales con la familia y los amigos.

¿Por qué celebramos el Día de Acción de Gracias?

Los peregrinos celebraron el primer Día de Acción de Gracias en Norteamérica. Se fueron de Inglaterra para tener su propio tipo de iglesia. Cruzaron el océano y llegaron a un lugar llamado Plymouth.

No había pastel de calabaza en el primer Día de Acción de Gracias. Pero sí había arándanos.

Los peregrinos cazaban pavos silvestres. También recogían almejas y ostras.

Los indígenas enseñaron a los peregrinos a hacer palomitas de maíz.

Cuando los peregrinos llegaron era invierno. No tenían ni casas ni suficiente comida.

Cuando llegó la primavera, los indígenas les enseñaron a cultivar maíz y verduras. Durante la cosecha, los peregrinos decidieron hacer una comida especial para dar gracias a Dios por los alimentos. Invitaron a sus amigos indígenas.

Los hombres cazaron patos y gansos para la comida. Los niños recogieron nueces y arándanos. Las mujeres hicieron pan de maíz, guiso de pescado y otras comidas. Los indígenas llevaron carne de venado. Todos ayudaron y celebraron juntos. Fíjate en la gráfica. ¿Cuántas niñas había? ¿Cuántos niños había?

¡Esta peregrina, junto con otras siete mujeres, cocinó durante tres días para 141 personas!

Como los peregrinos no tenían tenedores ni cucharas, usaban conchas de mar.

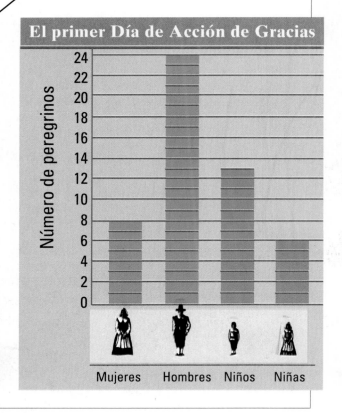

El primer Día de Acción de Gracias

Número de peregrinos

	Mujeres	Hombres	Niños	Niñas

Cuatro de Julio

¡Cómo brilla el cielo entero!
Mil estrellitas brillando
en cascada de colores
que luego bajan bailando.

Los fuegos artificiales
miro en su baile de encanto,
y al ver tanta maravilla
canto, me río y aplaudo.

Floria Jiménez-Díaz

¿Por qué celebramos el Cuatro de Julio?

¿Por qué todos esos fuegos artificiales? ¿Por qué hay picnics, desfiles y banderas? ¡Claro, es el Cuatro de Julio! Es el día del cumpleaños de nuestro país. Veamos cómo se empezó a celebrar ese día festivo.

Después de que los peregrinos llegaron, más y más personas vinieron a Norteamérica. Vivían en 13 colonias distintas. Una **colonia** es un grupo de personas gobernadas por un país lejano. Inglaterra gobernaba las colonias, pero las personas querían gobernarse por sí mismas.

Los líderes de las colonias de Norteamérica tuvieron una gran reunión en la ciudad de Philadelphia. En esta ciudad escribieron una carta especial llamada la Declaración de Independencia. Esta carta era para Inglaterra y decía que las colonias querían ser libres. El 4 de julio de 1776, los líderes de las colonias firmaron la carta. Los norteamericanos pelearon en una guerra para ser libres.

Ganaron la guerra. Ahora todos los Cuatro de Julio decimos: ¡Feliz cumpleaños, Estados Unidos de América!

¿Por qué celebramos el Día de los Presidentes?

Dos de nuestros presidentes más importantes nacieron en febrero: George Washington y Abraham Lincoln. Nosotros los honramos en el Día de los Presidentes.

A George Washington se le conoce como el padre de nuestro país. Lo llamamos así porque ayudó a ganar la guerra que peleamos contra Inglaterra para ser libres. George Washington fue un líder fuerte y valiente. Fue el primer presidente de los Estados Unidos después de la guerra.

Abraham Lincoln era el presidente cuando los estados del Norte y los estados del Sur pelearon en una terrible guerra.

Parte de un discurso de Abraham Lincoln ➤

Four score and seven years ago our fathers brought forth, upon this continent, a new nation, conceived in Liberty, and dedicated to the proposition that all men are created equal. Now we are engaged in a great civil war, test:

Los estados del Norte ganaron la guerra y los Estados Unidos volvieron a ser un solo país. En el Día de los Presidentes recordamos a Abraham Lincoln porque hizo que nuestro país se volviera a unir.

En nuestro país celebramos otros días festivos. Busca algunos de estos días en la línea del tiempo.

Los días festivos de nuestro país

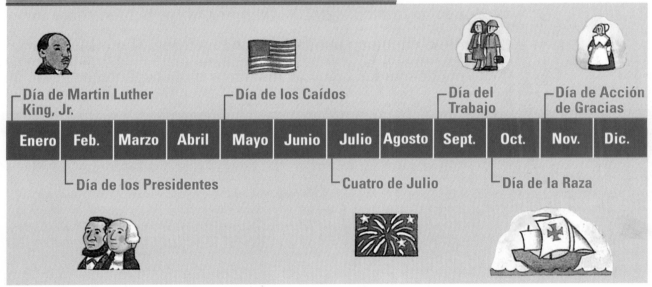

Día de Martin Luther King, Jr.

Día de los Caídos

Día del Trabajo

Día de Acción de Gracias

Enero	Feb.	Marzo	Abril	Mayo	Junio	Julio	Agosto	Sept.	Oct.	Nov.	Dic.

Día de los Presidentes

Cuatro de Julio

Día de la Raza

REPASO

1. ¿Por qué celebramos los días festivos en nuestro país?
2. ¿Por qué se celebró el primer Día de Acción de Gracias?
3. ¿Qué celebramos el Cuatro de Julio?
4. ¿Por qué fueron presidentes importantes George Washington y Abraham Lincoln?

Aprendamos más

En los días festivos nos divertimos. También aprendemos. Hay una razón para celebrar cada día festivo. Tú sabes por qué celebramos el Día de Acción de Gracias. Puedes aprender por qué celebramos el Día de la Raza.

En la biblioteca hay información sobre el Día de la Raza o cualquier otro día festivo. Una **biblioteca** es un lugar donde hay muchos libros. Algunos libros hablan sobre un día festivo, una persona o alguna otra cosa. La bibliotecaria te puede ayudar a buscar los libros en la biblioteca.

¿Por qué celebramos el Día de la Raza? En ese día recordamos que Cristóbal Colón llegó a América. En la biblioteca puedes encontrar más información. En la biblioteca te pueden mostrar dónde están los libros que necesitas. Tú los puedes leer y aprender más sobre Colón.

¡Inténtalo!

Escoge cualquier día festivo sobre el que quieras saber más. Ve a la biblioteca y busca un libro sobre ese día festivo. La bibliotecaria te ayudará. Descubre por qué celebramos ese día festivo.

Haz un cartel para ese día festivo. Muestra en tu cartel lo que aprendiste en la biblioteca.

Tenemos un solo presidente

¿Qué hace nuestro presidente?

Palabras clave

presidente
voto
papeleta

¿Cuál crees que es el trabajo más importante? Muchas personas creen que es el de presidente de un país. El **presidente** de los Estados Unidos es el líder de todos los estadounidenses. ¿Qué crees que es lo más importante que hace un presidente?

El presidente trata de que nuestro país sea fuerte y de proteger nuestra libertad. El presidente trata de asegurar que se obedezcan todas las leyes y que estemos seguros en nuestro país.

Mt. Rushmore muestra las caras de cuatro presidentes. ➤

Washington, D.C.

La Casa Blanca

El presidente vive y trabaja en la Casa Blanca (*The White House*), en la ciudad de Washington, D.C. ¿Cómo escogemos a nuestro presidente?

Cada cuatro años, los ciudadanos adultos de nuestro país votan para escoger al presidente. Van a **votar** a lugares como la escuela del vencindario. En una tarjeta o trozo de papel que se llama **papeleta** marcan el nombre de la persona que quieren que sea presidente. En algunos lugares se usa una máquina para votar y no una papeleta.

Ser presidente es un trabajo muy importante. ¡Votar para escoger al presidente también es un trabajo importante!

REPASO

1. ¿Qué hace nuestro presidente?
2. ¿Cómo decidimos quién debe ser presidente?
3. ¿Qué harías si fueras presidente?

Un plan para tu escuela

En los Estados Unidos, las personas escogen al líder del país. Estas personas votan para escoger al presidente.

Tú también puedes aprender a escoger y a votar. Imagínate que puedes decidir cómo se va a gastar algún dinero en tu escuela. La página siguiente muestra dos planes para gastar el dinero. Tú puedes escoger un plan.

1. Lee los dos planes.
2. Piensa qué es importante para ti y para tu escuela.
3. Vota por un plan.

Plan 1
- más computadoras para la escuela
- un salón de clase para las computadoras

Plan 2
- más juegos para el patio de recreo
- un patio de recreo más grande

Ahora cuenta los votos. ¿Qué plan tuvo más votos?

El plan que tiene más votos es el ganador.

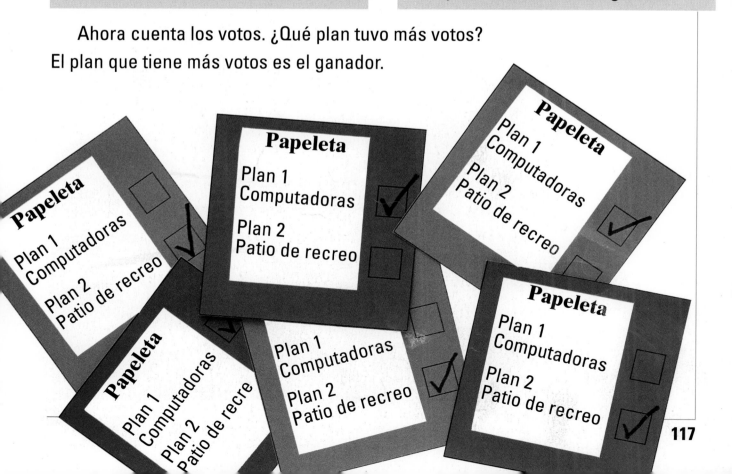

Tenemos símbolos

PIÉNSALO

¿Qué representan la bandera y la Estatua de la Libertad?

Palabra clave

símbolo

¿Sabes por qué tenemos una bandera? Es muy difícil hacer un solo dibujo de todas las cosas que representa nuestro país. Por eso usamos símbolos como nuestra bandera para recordar a nuestro país. Un **símbolo** es un dibujo o una cosa que representa otra cosa. La bandera representa todo el territorio, todas las personas y todas las cosas en las que creemos.

Fíjate que la bandera tiene 50 estrellas. Hay una estrella por cada uno de los 50 estados que forman nuestro país hoy en día. Hay una franja por cada una de las primeras colonias. ¿Cuántas franjas hay?

Algunas personas tratan de mostrar la bandera de una manera especial. Un artista hizo la bandera de abajo para mostrar las distintas personas que vinieron a los Estados Unidos. En las franjas escribió los nombres de algunas personas que llegaron hace poco a los Estados Unidos.

En el puerto de New York hay otro símbolo importante: la Estatua de la Libertad. Esta estatua sostiene una antorcha en alto para enseñarle al mundo que los Estados Unidos es un país libre. Veamos lo que algunos niños y niñas de segundo grado en St. Louis, Missouri, piensan de la Estatua de la Libertad:

"La Estatua de la Libertad quiere decir que puedo ser cualquier cosa que yo quiera ser. Yo quiero ser jugador de béisbol".
Christopher Bartley

Kieth Strong

"La Estatua de la Libertad parece una señora. Tiene una antorcha y un libro en las manos. Representa la libertad de todas las personas".
Surayya Ibrahim

"La Estatua de la Libertad es grande. Me gustaría ver cómo es por dentro, subir hasta su sombrero y mirar hacia afuera".
Recardo Morris

Beth Ide ganó un premio por esta colcha que muestra la Estatua de la Libertad y la bandera. Veamos lo que ella dijo:

"Pienso en lo importante que es ser parte de este magnífico país. Podemos hacer todo lo que queremos siempre que no hagamos daño a nadie".

Los símbolos de nuestro país quieren decir distintas cosas para cada persona. ¿Qué quieren decir la bandera y la Estatua de la Libertad para ti?

REPASO

1. ¿Qué representan la bandera y la Estatua de la Libertad?
2. ¿Qué representan las estrellas y las franjas de nuestra bandera?
3. ¿Qué otros símbolos podríamos tener?

*La Estatua de la Libertad está en el puerto
de New York y es un símbolo de que somos
un país libre. Esta historia te cuenta quién
la hizo y cómo llegó al puerto de New York.*

LITERATURA

LA ESTATUA DE LA LIBERTAD

Historia de Betsy Maestro

Dibujos de Giulio Maestro

La Estatua de la Libertad está en una
isla en el puerto de New York. Es una
hermosa visión para todos los que pasan junto
a ella. Todos los años, millones de personas
van a la isla en un transbordador. Desde lo
alto de la estatua se ve un hermoso panorama.

Frédéric Auguste Bartholdi, un joven
escultor francés, vino de visita a los Estados
Unidos en 1871. Cuando vio la isla de Bedloe
en el puerto de New York, pensó que ése era
el mejor lugar para poner la estatua que él
quería hacer.

Bartholdi había hecho muchas estatuas y monumentos, pero ésta iba a ser muy especial. Era un regalo del pueblo de Francia al pueblo de los Estados Unidos como recuerdo de la amistad de tantos años entre los dos países.

Al volver a París, Bartholdi hizo dibujos y algunos modelos pequeños. La estatua sería de una mujer que se llamaría Libertad. Sería un símbolo de la libertad para el Nuevo Mundo. Esta estatua iba a sostener una lámpara para darles la bienvenida a las personas que llegaran a los Estados Unidos. Sería *la Libertad iluminando el mundo*.

La estatua iba a ser muy grande y muy fuerte. Bartholdi quería que las personas pudieran subir por dentro de la estatua y mirar hacia el puerto desde la corona y la antorcha.

Muchos conocidos artistas, ingenieros y artesanos le dieron ideas de cómo hacer la estatua. Primero hicieron un enorme armazón de acero bien fuerte.

Muchas personas trabajaron en un enorme taller. Algunos trabajaron en la cabeza y la corona de Libertad. Otros trabajaron en la mano derecha, que sostendría la antorcha.

En la mano izquierda llevaría una tablilla con la fecha del día en que se firmó la Declaración de Independencia: 4 de julio de 1776.

El brazo que sostiene la antorcha fue enviado a Philadelphia cuando los Estados Unidos cumplieron cien años, en 1876. Más tarde lo llevaron al Madison Square en la ciudad de New York, donde estuvo por muchos años.

La cabeza de Libertad se exhibió en la Feria Mundial que hubo en París en ese tiempo. Los visitantes entraron a la cabeza y miraron desde dentro. Así se juntó dinero para pagar la estatua.

Después se cubrió el armazón con una brillante capa de cobre y se sujetó con bandas de hierro. A medida que la enorme estatua crecía, todos en París la miraban admirados.

La Estatua de la Libertad se terminó de construir en 1884. En París hubo una gran celebración. Vinieron personas famosas a verla. Sólo unos pocos tuvieron la energía para subir hasta la corona: ¡son 168 escalones!

Luego comenzó la difícil tarea de desarmarla para el largo viaje a través del océano Atlántico. Se marcaron las piezas y se pusieron en cajas de embalaje. En total había 214 cajas que se llevaron en tren hasta el barco que las trajo a los Estados Unidos.

Pero en los Estados Unidos las personas habían perdido interés en la estatua. No tenían dinero y el trabajo en la isla de Bedloe se había detenido. No habían terminado la base para la estatua. Consiguieron dinero con la ayuda de uno de los periódicos más grandes de New York. Las personas de todo el país, incluyendo niñas y niños, mandaban el dinero que podían. En 1885, cuando el barco llegó a New York, se le dio la bienvenida con un nuevo entusiasmo.

El trabajo en la isla fue avanzando y pronto quedó terminado el pedestal. Pieza por pieza se levantó el armazón. Luego se puso la capa de cobre en su lugar. La Estatua de la Libertad se armó como un gran rompecabezas. ¡La estatua se construyó no una vez, sino dos veces!

En 1886 pusieron la Estatua de la Libertad donde está ahora. Se hizo una gran celebración. El puerto estaba lleno de buques y barcos. Se leyeron discursos y se entonaron canciones. Bartholdi quitó la tela que cubría a Libertad y la estatua quedó a la vista de todos. Hubo fuertes vivas de la muchedumbre. Luego el presidente Grover Cleveland dio un discurso.

A lo largo de los años, los inmigrantes han llegado a los Estados Unidos para empezar una nueva vida. Para ellos la Estatua de la Libertad es un símbolo de todas sus esperanzas y sueños. La estatua ha dado la bienvenida a millones de personas que llegaron a New York en barco.

Todos los años los Estados Unidos de América celebran su independencia el Cuatro de Julio. Los fuegos artificiales iluminan el cielo sobre el puerto de New York. La Estatua de la Libertad es una visión inolvidable porque es un símbolo de los Estados Unidos.

¿Qué hace un ciudadano?

Las personas que nacieron en un país son ciudadanas o ciudadanos de ese país. También pueden hacerse ciudadanas o ciudadanos las personas que vienen de otro país.

Aprendiste que los ciudadanos de nuestro país se parecen en algunas cosas y son diferentes en otras. Pero todos los ciudadanos de nuestro país tenemos algunas obligaciones o deberes.

En nuestro país, los ciudadanos tenemos que cuidar la tierra, los animales y las plantas. También tenemos que respetar a los líderes y los símbolos de nuestro país.

Este letrero dice que no cruces.

Todos los ciudadanos tenemos que obedecer las leyes. Sólo los ciudadanos adultos pueden votar.

Para ser buenos ciudadanos tenemos que hacer todas estas cosas.

Ahora sí puedes cruzar.

Repaso de la Unidad 3

Palabras

¿Cuál de las dos palabras va mejor en cada oración?

celebrar

ciudadano

colonia

papeleta

presidente

símbolo

votar

1. Mi mamá es (**un símbolo, una ciudadana**) de este país.

2. ¿Quién es (**la papeleta, el presidente**) de los Estados Unidos?

3. Un país lejano gobierna a (**un símbolo, una colonia**).

4. Cada miembro de la clase va a (**celebrar, votar**) para escoger al presidente de la clase.

5. Héctor está marcando (**su ciudadano, su papeleta**) para escoger al presidente de la clase.

6. El lunes (**votamos, celebramos**) el cumpleaños de Lisa.

7. El águila es (**un símbolo, una colonia**) de nuestro país.

Ideas

Piensa en lo que has aprendido sobre nuestro país. Fíjate en las fotos y el dibujo de la página siguiente. Escribe algunas oraciones sobre lo que muestra cada uno. Di por qué esas cosas nos ayudan a ser un país.

Destrezas

Ve a la bibliloteca. Pide ayuda para buscar un libro sobre Abraham Lincoln o George Washington. Léelo. Escribe algunas oraciones sobre lo que leíste.

Actividades

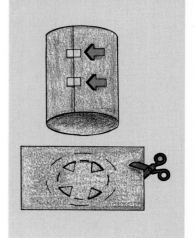

Sombrero

1. Con tus compañeros haz una bandera especial para la clase. Usen diseños que representen a la clase.
2. Abraham Lincoln usaba sombrero de copa alta. Trabaja con un compañero o una compañera. Busquen fotos o dibujos de Lincoln con el sombrero puesto. Hagan sombreros como el de Lincoln.

133

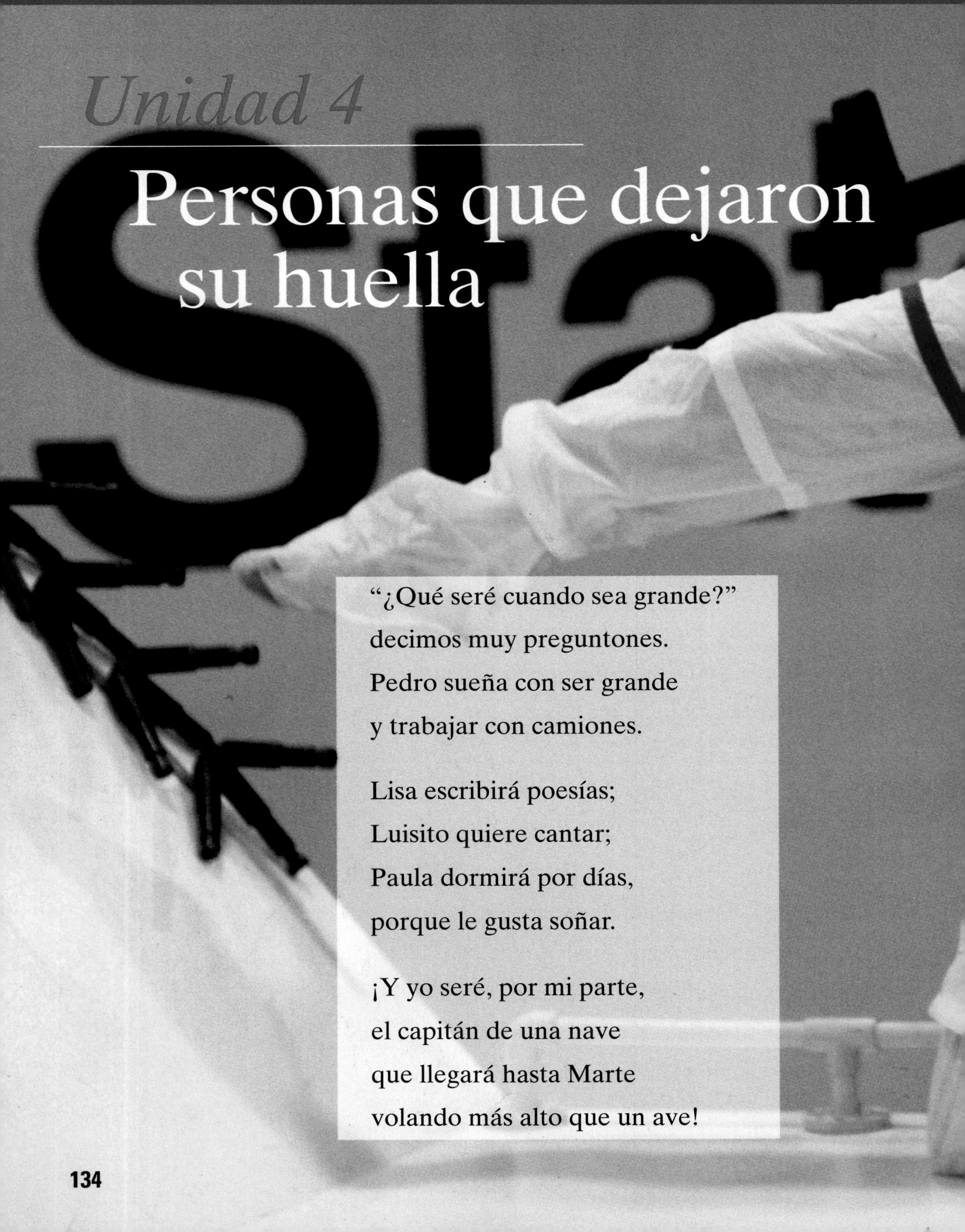

Personas que dejaron su huella

"¿Qué seré cuando sea grande?"
decimos muy preguntones.
Pedro sueña con ser grande
y trabajar con camiones.

Lisa escribirá poesías;
Luisito quiere cantar;
Paula dormirá por días,
porque le gusta soñar.

¡Y yo seré, por mi parte,
el capitán de una nave
que llegará hasta Marte
volando más alto que un ave!

Deja tu huella

Nuestro mundo es un lugar muy grande donde viven muchas personas. Todos podemos dejar nuestra huella. ¡Tú también!

¿Cómo puedes dejar tu huella en este mundo tan grande? Una manera de dejar tu huella es mostrando tu talento. Tener **talento** es poder hacer algo bien, como cantar o jugar a un deporte. Nuestro talento es algo que podemos ofrecer a otras personas. A muchos nos gusta escuchar a un buen cantante o ver un buen partido.

Otra manera de dejar tu huella es mostrando tu interés por las cosas. Cuando tienes **interés** por algo es porque te gusta hacerlo o aprenderlo, como cuidar animales o usar computadoras. ¿Cómo puede dejar su huella en el mundo alguien a quien le gusten los animales? Esa persona puede hacerse veterinario y curar a los animales, para que estos animales se sientan mejor y sus dueños estén contentos.

A veces las cosas que nos interesan desde niños nos ayudan a decidir qué vamos a ser cuando seamos grandes. ¿Te gusta dibujar? Quizás algún día seas artista. Fíjate en los dibujos de este libro. Los hizo un artista, como el señor de la foto. Es posible que algún día tus dibujos también estén en un libro.

En esta unidad vas a leer sobre personas que dejaron su huella. Vas a aprender cómo eran esas personas cuando eran niños. Vas a aprender cómo aprovecharon sus talentos y sus intereses para hacer un mundo mejor.

REPASO

1. ¿Cómo podemos dejar nuestra huella en el mundo?
2. ¿Para qué tienen talento algunas personas? ¿Qué cosas les interesan?
3. ¿Qué talento o interés tienes tú que puedas usar para dejar tu huella en el mundo?

Alexa Canady

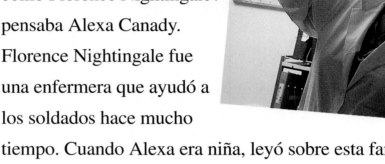

¿Cómo ayuda Alexa Canady a los niños?

Palabras clave

cirujana
cirujano

"¿Podré ser algún día como Florence Nightingale?" pensaba Alexa Canady. Florence Nightingale fue una enfermera que ayudó a los soldados hace mucho tiempo. Cuando Alexa era niña, leyó sobre esta famosa enfermera. Alexa quería ayudar a otros, igual que Florence Nightingale.

Alexa Canady creció y llegó a ser cirujana. Una **cirujana** o **cirujano** es un médico que hace operaciones. Hoy en día la Dra. Canady trabaja como cirujana en el Hospital de Niños en Detroit, Michigan. Jaime es uno de los niños que ella ayudó.

Cuando Jaime se lastimó jugando al fútbol, fue a ver a la Dra. Canady. Ella le hizo preguntas para saber qué le pasaba. —¿Te dan dolores de cabeza, Jaime? —le preguntó—. ¿Ves las cosas borrosas?

La Dra. Canady usó instrumentos especiales para ver qué problema tenía Jaime. Le dio golpecitos en la rodilla con un martillo de goma. La pierna de Jaime debía saltar con cada golpecito. Como no se movió, ella pensó que algo andaba mal.

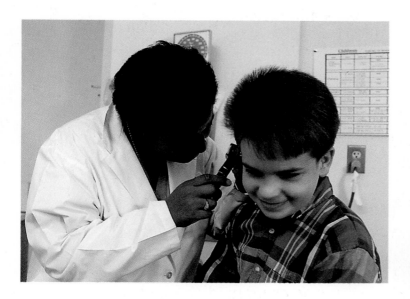

La Dra. Canady le miró los oídos a Jaime con una linterna especial. Después le pidió que caminara sobre una línea recta y se tocara la nariz. Jaime no pudo hacer estas cosas.

—Los análisis nos van a decir cuál es el problema —dijo la Dra. Canady. Mandó a Jaime al hospital para que le hicieran los análisis.

Cuando supo los resultados de los análisis, la Dra. Canady decidió que Jaime necesitaba una operación. Veamos a la Dra. Canady cuando se prepara para operar.

Una cirujana

Cuándo: *martes, a las 7:00 de la mañana*
Dónde: *Hospital de Niños*
Qué: *Una cirujana se prepara para hacer una operación.*

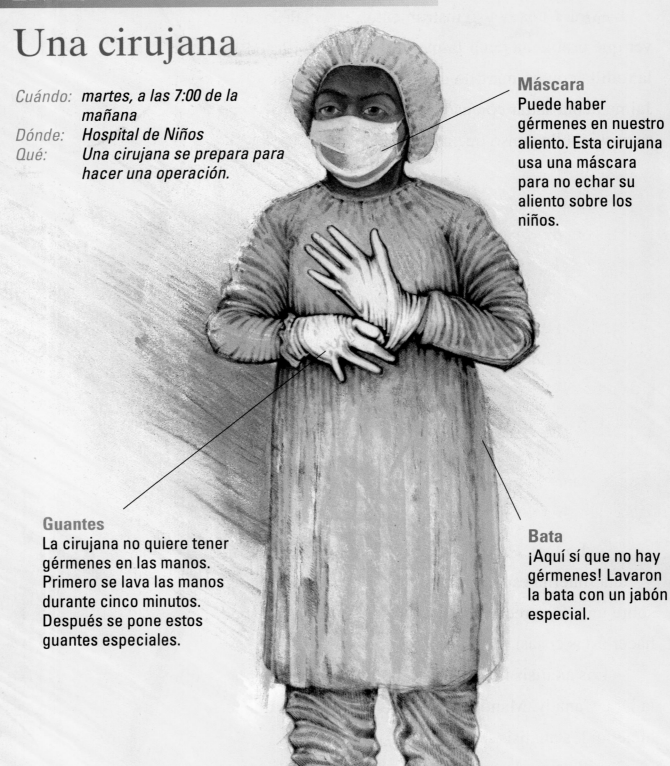

Máscara
Puede haber gérmenes en nuestro aliento. Esta cirujana usa una máscara para no echar su aliento sobre los niños.

Guantes
La cirujana no quiere tener gérmenes en las manos. Primero se lava las manos durante cinco minutos. Después se pone estos guantes especiales.

Bata
¡Aquí sí que no hay gérmenes! Lavaron la bata con un jabón especial.

Jaime estaba preocupado antes de la operación, pero la Dra. Canady le explicó lo que iba a pasar. Después de la operación, Jaime pasó varios días en el hospital. La Dra. Canady lo visitaba todos los días para ver cómo estaba. Ahora Jaime va a la escuela otra vez y juega con los otros niños.

La Dra. Canady ha ayudado a muchos niños y niñas como Jaime. Ella estudió durante muchos años para llegar a ser cirujana. Está muy contenta de haber estudiado tanto. Igual que Florence Nightingale, la Dra. Canady ayuda a los demás para que se sientan mejor.

REPASO

1. ¿Cómo ayuda Alexa Canady a los niños?
2. ¿Qué instrumentos usa para ver dónde está el problema?
3. ¿Quiénes nos ayudan cuando estamos enfermos?

Así nos ayudamos

Has visto cómo la Dra. Canady trabaja para ayudar a los demás. Ahora vas a descubrir cómo alguien que tú conoces ayuda a otras personas.

Prepárate

1. Piensa en un adulto con quien puedas hablar.
2. Escribe estas preguntas.

¿En qué trabaja usted?
¿Cómo ayuda a los demás?

Descubre

1. Habla con el adulto y hazle las preguntas que escribiste.
2. Escribe o dibuja algo para recordar lo que esa persona te dijo.

Sigue adelante

1. Haz un dibujo de esa persona ayudando a los demás.
2. Pon tu dibujo junto con los dibujos de tus compañeros.

Roberto Clemente

¿Cómo ayudó
Roberto Clemente a
los demás?

Palabra clave

atleta

"¡Pum!", el bate le dio tremendo golpe a la pelota. La multitud se paró y gritó. ¡Roberto Clemente había bateado otro jit! Clemente fue uno de los mejores jugadores de béisbol de todos los tiempos. Bateó más jits que casi ningún otro jugador.

Roberto nació en Puerto Rico. Siempre había querido ser atleta. Un **atleta** es alguien que tiene talento para los deportes. Roberto y sus amigos jugaban al béisbol todos los días. No tenían dinero para comprar una verdadera pelota de béisbol. Para poder jugar, envolvían una pelota vieja de golf con hilo y cinta adhesiva.

La familia Clemente no era rica, pero a sus hijos les habían enseñado a compartir sus cosas con los demás. Roberto nunca olvidó esa lección.

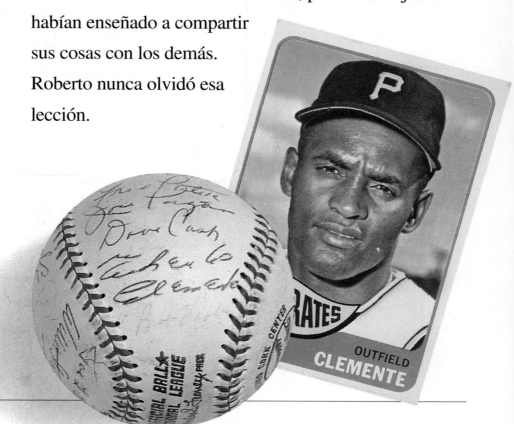

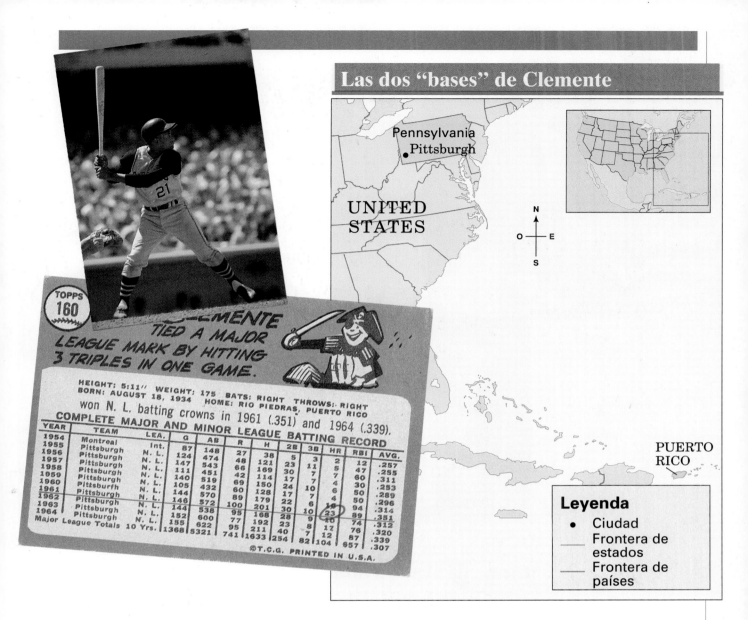

Las dos "bases" de Clemente

Pennsylvania
• Pittsburgh

UNITED STATES

N
O · E
S

PUERTO RICO

Leyenda
• Ciudad
— Frontera de estados
— Frontera de países

TOPPS 160

LEMENTE TIED A MAJOR LEAGUE MARK BY HITTING 3 TRIPLES IN ONE GAME.

HEIGHT: 5:11"   WEIGHT: 175   BATS: RIGHT   THROWS: RIGHT
BORN: AUGUST 18, 1934   HOME: RIO PIEDRAS, PUERTO RICO
won N. L. batting crowns in 1961 (.351) and 1964 (.339).

COMPLETE MAJOR AND MINOR LEAGUE BATTING RECORD

YEAR	TEAM	LEA.	G	AB	R	H	2B	3B	HR	RBI	AVG.
1954	Montreal	Int.	87	148	27	38	5	3	2	12	.257
1955	Pittsburgh	N. L.	124	474	48	121	23	11	5	47	.255
1956	Pittsburgh	N. L.	147	543	66	169	30	7	7	60	.311
1957	Pittsburgh	N. L.	111	451	42	114	17	7	4	30	.253
1958	Pittsburgh	N. L.	140	519	69	150	24	10	6	50	.289
1959	Pittsburfh	N. L.	105	432	60	128	17	7	4	50	.296
1960	Pittsburgh	N. L.	144	570	89	179	22	6	16	94	.314
1961	Pittsburgh	N. L.	146	572	100	201	30	10	23	89	.351
1962	Pittsburgh	N. L.	144	538	95	168	28	9	10	74	.312
1963	Pittsburgh	N. L.	152	600	77	192	23	8	17	76	.320
1964	Pittsburgh	N. L.	155	622	95	211	40	7	12	87	.339
Major League Totals 10 Yrs.			1368	5321	741	1633	254	82	104	657	.307

©T.C.G. PRINTED IN U.S.A.

Clemente se hizo famoso

Roberto estaba cada vez más alto y más fuerte y seguía jugando al béisbol. Soñaba con jugar en un equipo de las grandes ligas. Los Piratas de Pittsburgh le pidieron que jugara en su equipo. Roberto vivía en Puerto Rico, pero viajaba a Pittsburgh todos los años para jugar al béisbol. Busca Puerto Rico y Pittsburgh en el mapa.

Roberto Clemente llegó a ser un gran jugador de béisbol. Fíjate en su récord de bateo en la tarjeta de béisbol. ¿Cuántos jonrones bateó en 1961?

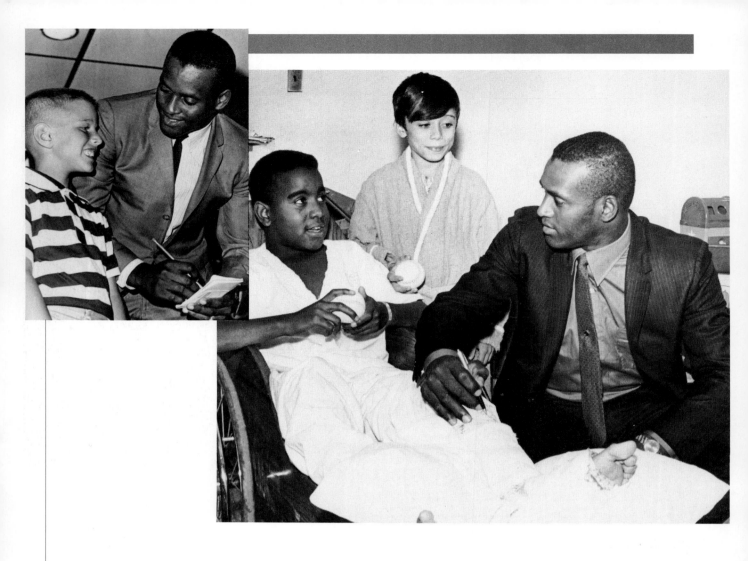

Clemente ayudó a otros

Cuando ya era un atleta famoso, Clemente no se olvidó de los demás. Iba a visitar a los niños y niñas en los hospitales. Se preocupaba de que las familias recibieran los cuidados que necesitaban.

A Roberto Clemente le gustaba enseñarle a los jóvenes a jugar al béisbol. Quería que los niños llegaran a ser buenos atletas. También quería que se ayudaran unos a otros.

En diciembre de 1972, Roberto Clemente se enteró del terremoto de Nicaragua. Quizo ayudar a los nicaragüenses.

Recordamos a Clemente

Aunque era el día de Navidad, Clemente llenó cajas con alimentos, ropa y medicinas y tomó un avión para llevar todas esas cosas.

Pero pasó algo muy triste. El avión se cayó al mar y murieron todos los que iban en él. Clemente nunca volvió a su hogar.

Muchos lloraron cuando supieron la noticia. Todos recordaron a Clemente de distintas maneras. Pusieron su nombre en la Galería de Estrellas del Béisbol *(Baseball Hall of Fame).* Hicieron una estampilla, o sello de correo, para honrarlo.

Rocordamos a Roberto Clemente porque fue un gran atleta. Lo recordamos también porque ayudó a los demás.

REPASO

1. ¿Cómo ayudó Roberto Clemente a los demás?
2. ¿Cómo recordamos a Roberto Clemente?
3. ¿Por qué recordamos a personas con talento que vivieron en el pasado?

¿Cuál es la idea?

La lección anterior hablaba de Roberto Clemente. Leíste sobre su niñez, sobre cómo llegó a ser jugador de béisbol y cómo ayudaba a los demás.

La lección te dio mucha información sobre Roberto Clemente. ¿De qué trata la lección? Trata de Roberto Clemente y nos dice que fue un famoso atleta que ayudó a los demás. Ésa es la **idea principal** de la lección. Todas las otras oraciones dicen algo sobre la idea principal.

En todos los cuentos hay una idea principal. Las oraciones del relato dicen algo sobre esa idea principal.

Lee otra vez la lección de Alexa Canady de las páginas 138 a 141. Decide de qué trata. Luego escoge entre las oraciones de abajo la que da la idea principal.

1. Alexa Canady ayudó a un niño que se llamaba Jaime.

2. Alexa Canady trabaja en Detroit, Michigan.

3. Alexa Canady es una médica que ayuda a los demás.

Las tres oraciones son verdaderas. Dos oraciones dan muy poca información. La otra dice de qué trata la lección. ¿Cuál es esa oración? La tercera oración da la idea principal de la lección.

¡Inténtalo!

Vuelve a leer. "Los racimos de plátanos" de la página 20 a la 27. ¿De qué trata la lección? Decide cuál de estas oraciones da la idea principal de la lección. Di por qué crees que esa oración da la idea principal y no las otras.

1. Muchas personas trabajan para que los plátanos lleguen a ti.

2. A todos nos gusta comer plátanos en el almuerzo.

3. Los alimentos viajan en barcos.

Louis Braille

¿Cómo ayudó Louis Braille a otras personas ciegas?

Palabra clave

método

¡Imagínate que lees con los dedos! ¿Puedes leer tocando las letras? Así aprendió a leer Louis Braille.

Louis Braille era un niño que vivió en Francia hace mucho, mucho tiempo. Cuando tenía menos de cinco años, se quedó totalmente ciego. Pero su papá creía que Louis podría aprender a leer y escribir. Creía que Louis iba a ir a una universidad algún día. Esto no iba a ser fácil para Louis.

Louis tuvo que aprender muchas cosas cuando se quedó ciego. Tenía que usar las manos y los oídos para saber dónde estaba y qué pasaba. Le era muy difícil correr y jugar.

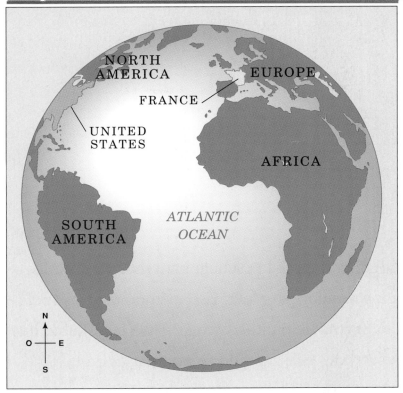

Louis empezó la escuela a los 7 años. Como no podía ver los dibujos ni las palabras, sólo podía aprender lo que escuchaba. Tenía que recordar todo lo que la maestra decía.

Después Louis fue a una escuela que usaba un método especial. Allí los niños ciegos aprendían a leer. Un **método** es una manera de hacer o de aprender algo. Los alumnos y alumnas tenían que tocar las letras talladas en bloques de madera. Llevaba tiempo darse cuenta qué palabra era sólo tocando las letras. ¡Muchos alumnos se olvidaban de las palabras cuando llegaban al final de una línea!

Un día, alguien llegó a la escuela para mostrarles a los niños un método mejor para leer. Ese método usaba papel con huecos en forma de puntos y rayas. Para leer, había que tocar el papel. Como este método se podía usar en la oscuridad, se le llamó "escritura nocturna". Ese método era fácil y a Louis se le ocurrió una idea.

Louis pensó que era más fácil tocar puntos en relieve, es decir, levantados, que tocar agujeros. Cuando tenía 15 años inventó un nuevo método para leer usando seis puntos en relieve.

Alfabeto Braille

A B C D E F G H I

J K L M N O P Q R

S T U V W X Y Z

Pasó mucho tiempo antes de que el método Braille se usara para enseñar a los ciegos. Cuando Braille murió, muy pocas personas conocían su método de lectura.

Años después, se empezó a usar el método Braille en la escuela donde él había estudiado. Poco después, las escuelas de los Estados Unidos empezaron a enseñarlo también. Hoy en día hay máquinas y computadoras que usan el método Braille. Con esas máquinas los ciegos pueden aprender a leer, escribir, dibujar y tocar música. Louis Braille ayudó a las personas ciegas de todo el mundo.

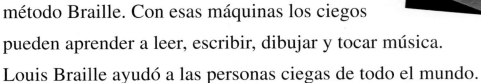

REPASO

1. ¿Cómo ayudó Louis Braille a otras personas ciegas?
2. ¿Cómo se le ocurrió a Louis su método?
3. Fíjate en el alfabeto Braille de la página 52. Escribe tu nombre con ese alfabeto.

Eleanor Roosevelt

PIÉNSALO

¿Cómo ayudó Eleanor Roosevelt a los demás?

Palabra clave

derechos humanos

"¡Miren, ahí viene su avión!" En el aeropuerto miraron hacia arriba. Todos esperaban a Eleanor Roosevelt, una de las mujeres más famosas del mundo. Ella había tomado un avión en los Estados Unidos para cruzar el océano Atlántico. Iba a Suiza a una importante reunión con líderes de todo el mundo. Cuando el avión aterrizó, muchas personas le dieron la bienvenida.

Algunas personas se asustan cuando tiene que hablar frente a un grupo de personas. ¡Pero nada en el mundo parecía asustar a Eleanor Roosevelt!

Pero no siempre había sido así. Cuando era niña, Eleanor le tenía miedo a todo. Le tenía miedo a los animales, a la oscuridad y a las tormentas. Hasta les tenía miedo a las otras niñas y a los niños. Más que nada, Eleanor tenía miedo de que nadie la quisiera.

Eleanor Roosevelt nació hace más de cien años. Su mamá y su papá murieron cuando tenía 10 años. Eleanor vivía con su abuelita. Tenía muy pocos amigos para jugar y a veces se sentía triste y sola. Poco a poco, se dio cuenta de que quería ayudar a los demás.

Eleanor Roosevelt cuando era grande

Eleanor Roosevelt creció y se casó con Franklin Roosevelt. Él fue uno de los líderes de nuestro país. Franklin Roosevelt se enfermó y no pudo usar más las piernas. La señora Roosevelt sabía que su esposo quería seguir trabajando aunque no pudiera caminar. Por eso ella viajaba y daba discursos en su lugar.

Cuando Franklin Roosevelt fue escogido como gobernador del estado de New York, la señora Roosevelt visitaba escuelas y hospitales. Volvía a la casa y le contaba a su esposo lo que las personas necesitaban.

La señora Roosevelt no sólo trabajaba para su esposo.
También tenía sus propios proyectos. Empezó a vender
muebles para dar trabajo a los pobres.
Ayudó a crear una escuela para niñas.
También enseñó historia y lectura.

Más tarde, la señora Roosevelt ayudó a
construir casas en vecindarios donde las
personas pudieran encontrar trabajo.

Eleanor Roosevelt creía que no importa si uno es hombre o mujer, blanco o negro, joven o viejo. Todos nacemos iguales y libres y tenemos que tratarnos de la misma manera. Ella quería que todos tuviéramos las mismas oportunidades de ser felices en la vida. Esas cosas en las que ella creía se llaman **derechos humanos.**

Cuando se escogió a Franklin Roosevelt para presidente de los Estados Unidos, la Sra. Roosevelt tuvo que trabajar mucho más que antes. ¡Tuvo que visitar todo el país!

Franklin Roosevelt fue presidente durante 12 años. Cuando él murió, la señora Roosevelt pensó que su trabajo había terminado. ¡El resto del mundo no pensaba lo mismo!

Todos la querían.

Ese mismo año, Eleanor Roosevelt viajó a Suiza para ir a una reunión acerca de los derechos humanos. En esa reunión, ella y otras personas escribieron una importante declaración. Esa declaración dice que hay que tratar igual a las personas de todo el mundo.

Eleanor Roosevelt ayudó a muchas personas durante su vida. La niña tímida y sin amigos se convirtió en una mujer querida por todo el mundo.

REPASO

1. ¿Cómo ayudó Eleanor Roosevelt a los demás?
2. ¿Cuáles son algunos derechos humanos?
3. ¿Cómo puedes ayudar tú a los demás?

Thomas Edison

Palabras clave

invento
laboratorio

—¿Dónde estás ahora, Tom? —preguntó la señora Edison. Estaba preocupada. El joven Thomas Edison siempre se metía en problemas. Una vez le prendió fuego al granero. Otra vez se cayó en un depósito de cereales. *Y ahora, ¿dónde estaba?* La señora Edison lo encontró en el granero, levantándose de un nido de gallina. Tenía la ropa cubierta de huevo de gallina.

—¿Qué hacías sobre esos huevos? —gritó la mamá de Tom.

—Quería empollarlos —dijo Tom.

Cuando ya era grande, Thomas Edison siguió tratando de entender cómo funcionaban las cosas. Encontró nuevas maneras de hacer que las cosas funcionaran mejor. Hizo máquinas que nadie había pensado hacer antes. Cada una de esas máquinas fue un **invento.**

Edison vendió algunos de sus primeros inventos y con el dinero que ganó hizo su propio laboratorio. Su **laboratorio** era un lugar especial donde podía trabajar en sus inventos.

Edison tenía muchas ideas útiles. El foco eléctrico fue una de sus ideas. Hizo dibujos para mostrar cómo funcionaba. Muchas personas trabajaron con él en su nuevo invento.

A veces trabajaba todo el día y toda la noche para que el foco funcionara bien. Cuando se cansaba, se acostaba en cualquier parte y dormía una siesta.

Finalmente, después de trabajar durante dos años, Edison logró que funcionara. El foco eléctrico fue uno de sus inventos más importantes.

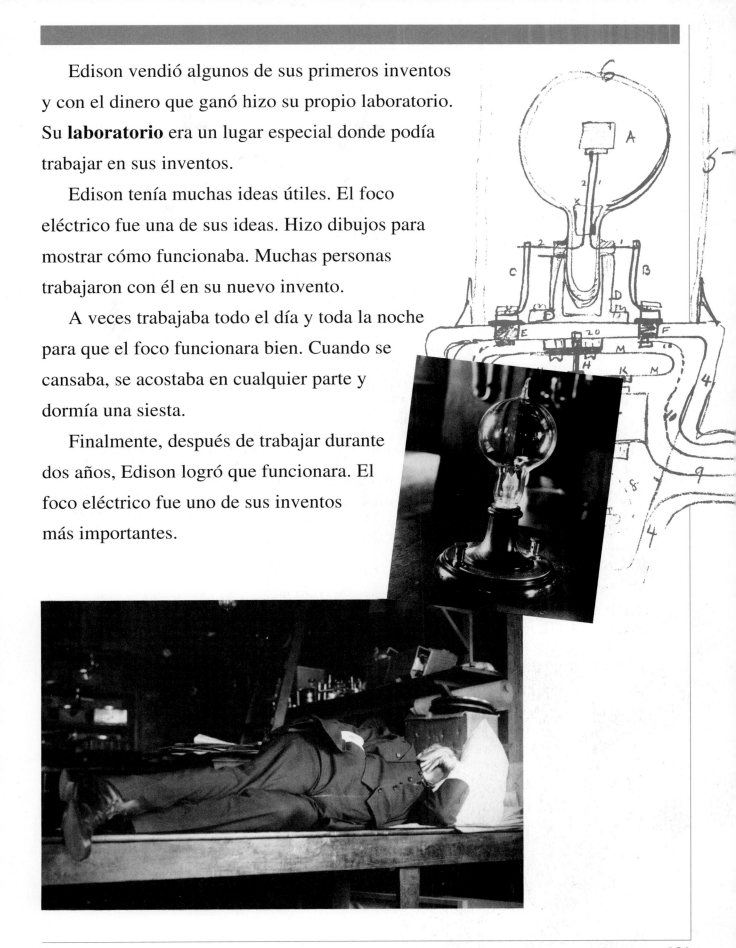

Edison y el foco eléctrico

Cuándo: **19 de octubre de 1879, a las 9:30 de la noche**

Dónde: **Menlo Park, New Jersey**

Qué: **Edison prende el primer foco eléctrico.**

Foco
El primer foco duró 40 horas: ¡casi 2 días!

Vidrio especial
Después de muchos intentos, Edison encontró un tipo de vidrio que no se rompía con el calor. El vidrio se calienta mucho cuando el foco está prendido.

Hilo de algodón especial
Cuando la electricidad pasa por el hilo especial, la luz brilla. Antes, Edison había usado su propio pelo, fibras de coco, hilo de pescar y otras cosas.

Thomas Edison fue uno de los inventores más grandes del mundo. Sus ideas han cambiado la vida de todo el mundo. Esta tabla muestra algunos de sus inventos que todavía usamos.

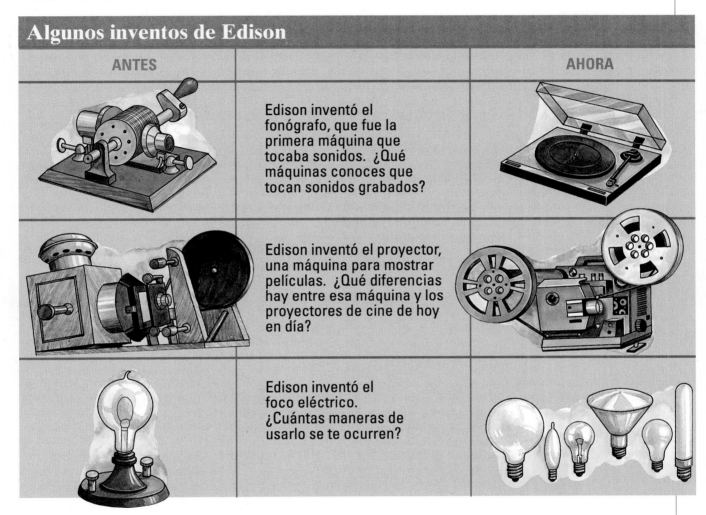

Algunos inventos de Edison

ANTES		AHORA
	Edison inventó el fonógrafo, que fue la primera máquina que tocaba sonidos. ¿Qué máquinas conoces que tocan sonidos grabados?	
	Edison inventó el proyector, una máquina para mostrar películas. ¿Qué diferencias hay entre esa máquina y los proyectores de cine de hoy en día?	
	Edison inventó el foco eléctrico. ¿Cuántas maneras de usarlo se te ocurren?	

REPASO

1. ¿Quién fue Thomas Edison? ¿Qué cambios trajo al mundo?
2. ¿Dónde trabajaba Edison en sus inventos?
3. ¿Por qué crees que el foco eléctrico de Edison cambió el mundo?

¿A quién se le ocurrió primero?

Has aprendido quién fue Thomas Edison y cuáles fueron sus inventos. ¡Casi todas las cosas que usas las inventó alguien! A veces una idea simple puede convertirse en un invento.

El cepillo de dientes

Williams Addis hizo agujeros en un huesito. Después pasó hebras por los agujeros y las pegó. Antes se usaban paños para limpiarse los dientes. ¡A todos les gustó este nuevo cepillo de dientes!

El *zipper*

Whitcomb Judson estaba cansado de demorarse 15 minutos en ponerse los zapatos todas las mañanas. Hace mucho tiempo había que abrocharse los zapatos con botones. ¡A Judson se le ocurrió inventar el *zipper*! Los primeros *zippers* se usaron sólo para los zapatos. Hoy en día, los *zippers* se usan para cerrar muchas cosas, desde suéteres hasta sacos de dormir.

Sándwich

A John Montagu, el cuarto Conde de Sandwich, le gustaban tanto los juegos que no quería parar para comer. Un día puso carne entre dos pedazos de pan. ¡Así podía comer con una mano y seguir jugando con la otra!

Básquetbol

James Naismith quería inventar un deporte divertido y que se pudiera jugar bajo techo. Usó una pelota de fútbol y dos canastas. ¡Fue tan divertido que se empezó a jugar básquetbol al aire libre también!

Un invento es una cosa nueva o una manera nueva de hacer algo. Los inventos a veces cambian mucho nuestra vida. ¿Qué te gustaría inventar algún día?

Yoshiko Uchida

¿Cómo nos ayuda Yoshiko Uchida a entender a otras personas?

Palabras clave

escritora
escritor
costumbre

¿Tienes una vecina o un vecino a quien puedas contarle un cuento? Yoshiko Uchida tenía muchos vecinos cuando tenía tu edad. Ahora es **escritora.** Yoshiko escribe libros sobre personas que vivieron cuando ella era niña. Lee este cuento sobre el Sr. Wada y Emi, de su libro *The Birthday Visitor* (El visitante del día de cumpleaños).

Emi abrió la puerta del patio y encontró al anciano Sr. Wada sentado en una silla de lona, tomando una siestecita con su visera puesta. La mitad de su arrugada cara parecía de color verde bajo la sombra del plástico.

—Hola, Ojii-chan —saludó Emi bien alto. A él le gustaba que lo llamaran Abuelito, ya que no tenía nietos.

El Sr. Wada se despertó y le sonrió a Emi.

—¡Al fin vienes a vernos! —gritó, como si ella fuera tan sorda como él.

Emi se acercó hasta él y gritó: —Vine también el viernes.

Pero el Sr. Wada no le hizo caso. "Bien, ¿te gustaría ver a mi vieja amiga del estanque?" preguntó alegremente. Y sin esperar una respuesta, se levantó vacilante y agitó la turbia agua del estanque de los peces. La enorme y pecosa carpa se asomó a la superficie inmediatamente, mordiendo el dedo del anciano como si fuera una deliciosa lombriz.

—¡Hola, vieja amiga! —el Sr. Wada la saludó cariñosamente—. ¿Cómo te sientes hoy? Mira quién vino a visitarnos.

—¿No sería mejor tener un perro, Ojii-chan? —preguntó Emi. "Un perro, al menos, mueve la cola y lame las manos", pensó ella.

Pero el anciano sacudió la cabeza. —¿Qué puede ser mejor que un pez carpa? —preguntó—. No ladra, no escarba en mi jardín y no tengo que sacarlo a pasear. Vive tranquilo en el fondo del estanque y me deja en paz. Cuando quiero verlo, sólo tengo que agitar el agua y ahí está.

Yoshiko Uchida
Traducido de *The Birthday Visitor*

Yoshiko cuando era niña

Yoshiko Uchida creció en Berkeley, California. Vivía con su mamá, su papá y su hermana en una pequeña casa. Su mamá y su papá habían nacido en el Japón. Muchos de sus vecinos también eran japoneses. Yoshiko tenía muchas amigas y amigos japoneses, personas como el Sr. Wada del cuento de *The Birthday Visitor.*

La familia de Yoshiko vivía en California, pero ellos tenían muchas costumbres japonesas. Una **costumbre** es la manera especial en que un grupo de personas hace algo. Una de las costumbres que le gustaban a Yoshiko era el Día de las Muñecas. Ese día su mamá ponía muñecas japonesas sobre la mesa. No eran para jugar, sino sólo para mirarlas. ¡Qué hermosas eran!

A Yoshiko le encantaban los poemas y cuentos japoneses. Quería a sus vecinos de origen japonés. Pero ella era una estadounidense y también quería al nuevo país de su familia.

Yoshiko Uchida quería ser japonesa y estadounidense a la vez. A veces esto era muy difícil. En aquella época, los Estados Unidos y el Japón estaban en guerra. Muchos pensaban que no se podía ser japonés y estadounidense al mismo tiempo.

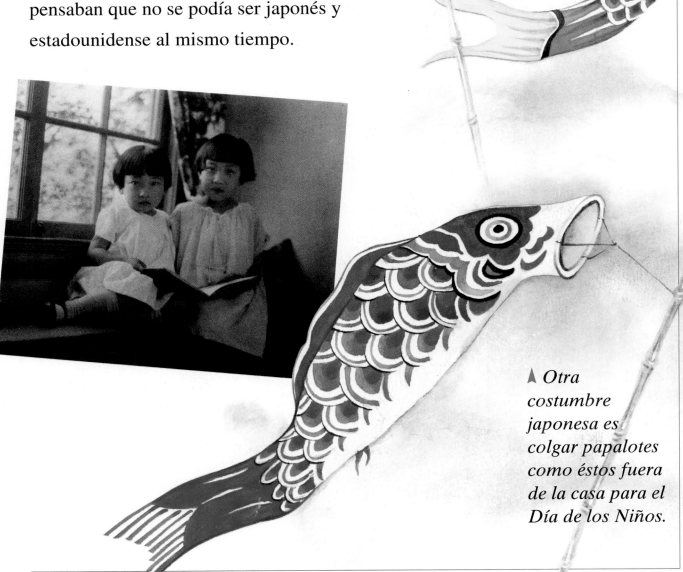

▲ Otra costumbre japonesa es colgar papalotes como éstos fuera de la casa para el Día de los Niños.

La familia Uchida y otros estadounidenses de origen japonés tuvieron que ir a vivir a unos campamentos del ejército. Mientras Uchida estaba en uno de esos campamentos, enseñó en segundo grado. Cuando terminó la guerra, los campamentos cerraron y cada familia tuvo que buscarse un nuevo hogar.

Uchida se hace escritora

Yoshiko Uchida siguió enseñando, pero decidió ser escritora. Quería escribir sobre los estadounidenses de origen japonés que habían vivido en su vecindario cuando era niña. Quería contar las costumbres japonesas. Quería que otros entendieran y quisieran a las personas que ella quería.

Uchida escribió muchos cuentos sobre su propia vida, como el de Emi y el Sr. Wada. Cuando Uchida estuvo en el Japón, aprendió muchos cuentos japoneses. Volvió a contar esos cuentos en sus libros. También escribió sobre las personas que conoció en el Japón.

Ahora otros leen sus libros y aprenden cómo era la vida de una niña estadounidense de origen japonés en Berkeley, California. Aprenden cuáles son las costumbres de los estadounidenses de origen japonés. Cuando leen los cuentos de Uchida, se imaginan cómo es la vida de los niños en el Japón.

REPASO

1. ¿Cómo nos ayuda Yoshiko Uchida a entender a otras personas?
2. ¿Qué costumbre japonesa le gustaba a Yoshiko Uchida cuando era niña?
3. Escribe un cuento, y haz dibujos sobre una abuelita o un abuelito, o sobre un vecino.

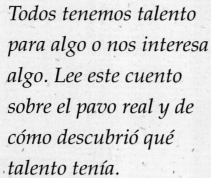

*Todos tenemos talento
para algo o nos interesa
algo. Lee este cuento
sobre el pavo real y de
cómo descubrió qué
talento tenía.*

LITERATURA

EL DON DE PAVO REAL

**Adaptación de las fábulas de Esopo por
Carol Greene**

Dibujos de Peter Barrett

León y Leona gobernaban el mundo animal y lo hacían muy bien. Un día llamaron a los pájaros para ver si estaban haciendo bien su trabajo.

—Mi trabajo es volar —dijo Águila—. Con mis fuertes alas subo al cielo azul. Luego miro hacia abajo y veo la tierra verde y veo si todo va bien en el mundo.

—Mi trabajo es cantar —dijo Ruiseñor—. Todas las noches mi canto hace dormir al mundo y todos tienen sueños felices.

—Mi trabajo es hablar —dijo Papagayo—. Puedo hablar como la gente y hacer que todos se rían. ¡Cierra la puerta! ¡Quiero una galleta!

—¿Y tú que haces? —León y
Leona le preguntaron a Pavo Real—.
¿Cuál es tu trabajo?

Pavo Real bajó la cabeza y la cola.
—No tengo trabajo
—dijo él—. Apenas
puedo volar. No sé
cantar. Y no hablo
como la gente. No sirvo para
nada.

—¿Qué? —gritó Águila—.
¿Por qué? Tu belleza me da fuerzas.
Cuando te miro, veo el azul del cielo
y el verde de la tierra. Me dan ganas
de volar.

—Tu belleza me pone contento
—dijo Ruiseñor—. Cuando te miro,
veo el arco iris y las cascadas.
Entonces quiero cantar.

—¡Pájaro lindo! ¡Pájaro lindo! —dijo
Papagayo—. Eres un pájaro lindo, Pavo Real.

—Pues ése es tu trabajo, Pavo Real
—dijeron Leona y León—. Cada uno
tiene un don que ofrecer a los demás.
Águila vuela. Ruiseñor canta.
Papagayo habla. Tú muestras tu
belleza.

   —¡Casi no lo puedo creer! —dijo
Pavo Real. Y levantó la cabeza y
abrió su hermosa cola.

Repaso de la Unidad 4

Palabras

¿Cuál de las dos palabras va en la oración?

1. El fonógrafo fue un (**cirujano, invento**) importante.

2. ¿Qué (**costumbre, atleta**) ganará la carrera?

3. Margarita es la (**costumbre, escritora**) de muchos libros.

4. Miriam tiene (**atleta, interés**) por los insectos.

5. Una (**costumbre, cirujana**) se lava bien las manos antes de una operación.

6. Louis Braille inventó un nuevo (**método, atleta**) de lectura para ciegos.

7. Julio está trabajando en su invento en el (**escritor, laboratorio**).

8. Una (**escritora, costumbre**) es la manera especial en que un grupo de personas hace algo.

9. Luisito tiene mucho (**derechos humanos, talento**) para dibujar.

10. Eleanor Roosevelt creía en (**los derechos humanos, las costumbres**) de las personas de todo el mundo.

atleta
cirujana
cirujano
costumbre
derechos
  humanos
escritor
escritora
interés
invento
laboratorio
método
talento

Ideas

Piensa en estas personas. Escribe una oración sobre cada una de ellas. Di cómo dejaron su huella en el mundo.

Destrezas

Lee otra vez "El don de Pavo Real" de las páginas 172 a 176. Decide cuál es la idea más importante de la fábula. Escoge la oración que da la idea principal.

1. El león es el rey de los animales.
2. Cada pájaro hace algo para que el mundo sea mejor.
3. El pavo real tiene hermosas plumas.

Actividades

1. Trae algo a la clase que muestre algún talento o interés que tienes. Dile a la clase porqué trajiste eso.
2. Trabaja con uno o dos niños o niñas. Representen uno de los cuentos de la unidad. Pídanle al resto de la clase que adivine qué cuento es.

Banco de datos

EL MUNDO

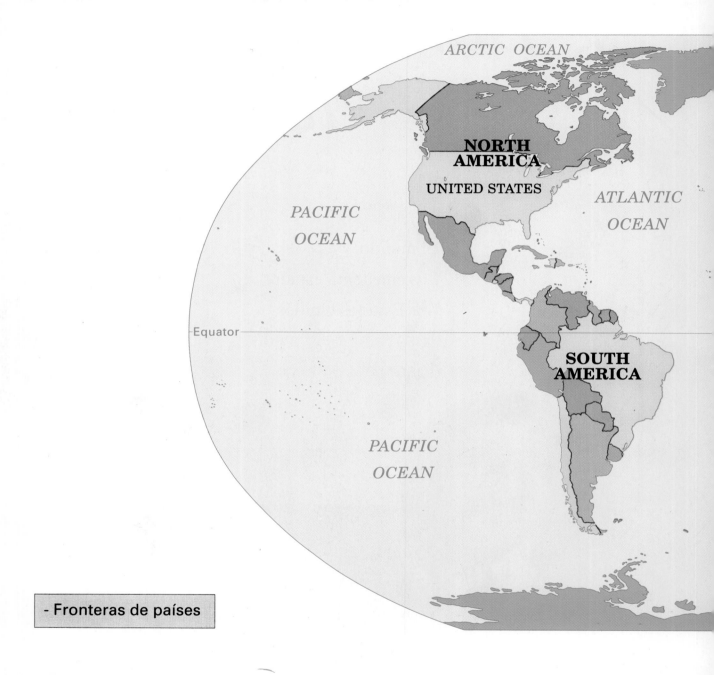

ARCTIC OCEAN

NORTH AMERICA

UNITED STATES

PACIFIC OCEAN

ATLANTIC OCEAN

Equator

SOUTH AMERICA

PACIFIC OCEAN

- Fronteras de países

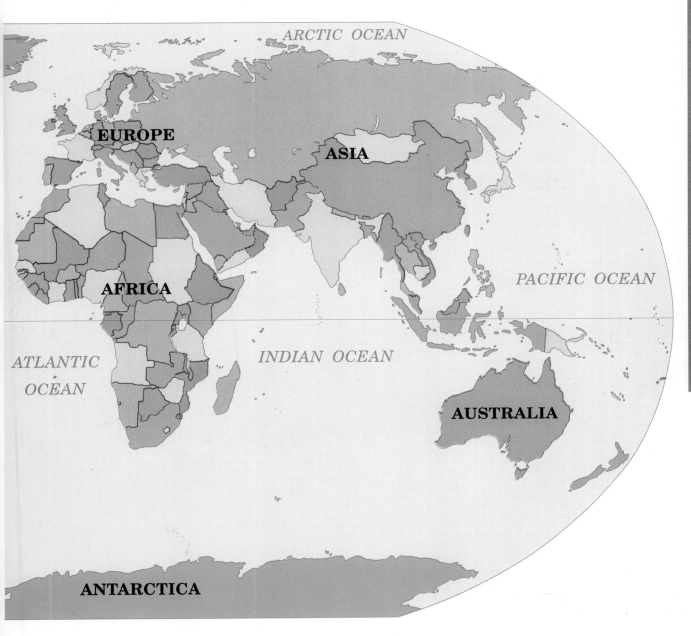

ARCTIC OCEAN

EUROPE

ASIA

PACIFIC OCEAN

AFRICA

ATLANTIC
OCEAN

INDIAN OCEAN

AUSTRALIA

ANTARCTICA

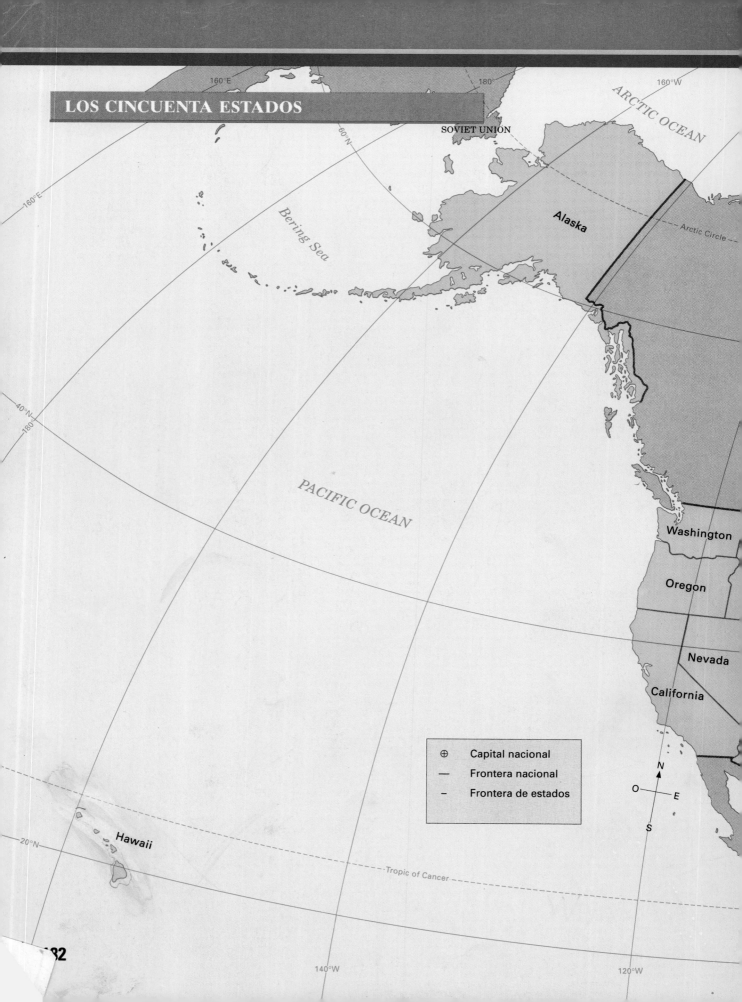

160°E   180°   160°W

ARCTIC OCEAN

SOVIET UNION

60°N

Alaska

Arctic Circle

160°E

Bering Sea

40°N
180°

PACIFIC OCEAN

Washington

Oregon

Nevada

California

⊕   Capital nacional

—   Frontera nacional

–   Frontera de estados

N

O ——— E

S

20°N

Hawaii

Tropic of Cancer

182

140°W   120°W

GREENLAND

Hudson Bay

CANADA

L. Superior

Montana

North Dakota

Minnesota

Michigan

Maine

L. Huron

Vermont

New
Hampshire

Idaho

Wyoming

South Dakota

Wisconsin

L. Michigan

New York

Massachusetts

Rhode Island

Connecticut

Nebraska

Iowa

L. Erie

Pennsylvania

New Jersey

Utah

Colorado

Illinois

Indiana

Ohio

Washington

Delaware

Kansas

Missouri

West
Virginia

Maryland

Arizona

New Mexico

Kentucky

Virginia

Oklahoma

Arkansas

Tennessee

North Carolina

ATLANTIC
OCEAN

South
Carolina

Mississippi

Alabama

Georgia

Texas

Louisiana

Florida

0   250   500 mi.

0   250   500 km

Azimuthal Equal-Area Projection

Gulf of Mexico

BAHAMAS

MEXICO

CUBA

PUERTO RICO
(U.S.)

LOS ESTADOS UNIDOS

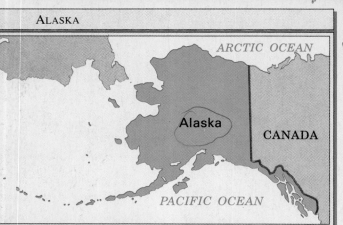

ALASKA

ARCTIC OCEAN

Alaska

CANADA

PACIFIC OCEAN

Washington

Montana

Oregon

Idaho

Wyoming

PACIFIC

OCEAN

Nevada

Utah

Colorado

California

Arizona

New Mexico

MEXICO

N

O ← → E

S

ISLAS HAWAII

Hawaii

PACIFIC

OCEAN

CANADA

Lake Superior

North Dakota

Minnesota

Michigan

Lake Huron

Maine

South Dakota

Wisconsin

Lake Michigan

Lake Ontario

Vermont

New Hampshire

Nebraska

Iowa

New York

Massachusetts

Rhode Island

Connecticut

Lake Erie

Pennsylvania

New Jersey

Illinois

Indiana

Ohio

Delaware

Maryland

Kansas

Missouri

West Virginia

Virginia

Kentucky

Oklahoma

Arkansas

Tennessee

North Carolina

South Carolina

ATLANTIC

Texas

Mississippi

Alabama

Georgia

OCEAN

Louisiana

Florida

Gulf of Mexico

montaña
Parte elevada de la tierra, mucho más alta que una colina.

lago
Extensión de agua rodeada de tierra.

colina
Parte elevada de la tierra, más baja que una montaña.

bosque
Extensión grande de tierra donde hay muchos árboles.

valle
Tierra baja entre colinas o montañas.

río
Gran corriente de agua que desemboca en un lago, en un océano o en otro río.

puerto
Extensión de agua cerca de la costa donde paran los barcos.

orilla
Tierra al borde de un lago, de un mar o de un océano.

isla
Extensión de tierra rodeada de agua.

océano o **mar**
Extensión de agua salada que cubre una superficie grande del mundo.

antepasados   Miembros de tu familia que nacieron antes que tú, empezando por tu mamá y tu papá. Página 44

ciudadano   Persona que pertenece a un país. Página 104

costumbre   Manera especial en que un grupo de personas hace algo. Página 168

atleta   Persona con talento para los deportes. Página 144

colonia   Grupo de personas gobernadas por un país lejano. Página 109

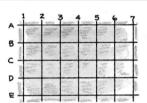

cuadrícula   Líneas que dividen un mapa en cuadrados pequeños. Página 70

biblioteca   Lugar con muchos libros que tú puedes pedir prestados. Página 112

consumidor   Persona que compra cosas. Página 38

cultivos   Plantas que se siembran para vender. Página 9

celebrar   Hacer cosas especiales con la familia y los amigos. Página 106

continente   Extensión grande de tierra rodeada de agua. Página 15

depender   Necesitar a alguien. Página 3

cirujana   Médica que hace operaciones.   Página 138

cosecha   Recolección de los cultivos cuando están listos. Página 10

derechos humanos   Creencia de que todos somos iguales y que debemos ser tratados con justicia. Página 158

día festivo Día para la honrar o recordar hechos o personas especiales. Pagina 50

fábrica Lugar donde se hace algo con máquinas. Página 11

laboratorio Lugar en el cual se trabaja en los inventos. Página 161

diagrama Dibujo que muestra y nombra las partes importantes de algo. Página 34

historia Todas las cosas que pasaron. Página 58

leyenda Lista de los símbolos que se usan en un mapa. Página 5

educación Ir a la escuela para aprender ideas, hechos y destrezas. Página 88

idea principal Parte o idea más importante de un cuento. Página 148

método Manera de hacer o aprender algo. Página 151

escritor Persona que escribe libros. Página 166

interés Algo que te gusta hacer o aprender. Página 136

norte Dirección hacia el Polo Norte. Casi siempre está arriba en un mapa. Página 6

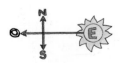

este Punto cardinal por donde sale el sol. Si miras hacia el norte, el este está a tu derecha. Página 6

invento Una máquina nueva o una nueva manera de hacer algo. Página 160

océano Extensión grande de agua salada. Página 15

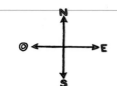

oeste Dirección donde se oculta el sol. De cara al norte, está a tu izquierda. Página 6

rosa de los vientos Símbolo que muestra los puntos cardinales: norte, sur, este y oeste. Página 6

talento Algo que puedes hacer bien. Página 136

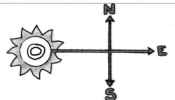

país Tierra con gobierno, leyes, símbolos y habitantes propios. Página 16

ruta Sendero o camino. Página 25

tejer Trenzar hilos para hacer una tela. Página 92

papeleta Papel donde las personas marcan su voto. Página 115

símbolo Dibujo o cosa que representa otra cosa. Página 118

tiempo Cómo está el aire: caliente o frío, húmedo o seco. Página 20

presidente Líder de todos los estadounidenses. Página 114

suburbio Comunidad cerca de una gran ciudad. Página 64

tradición Algo que se hace de la misma manera durante muchos años. Página 59

puerto de mar Ciudad junto al mar. Página 23

sur Dirección hacia el Polo Sur. En los mapas, casi siempre está abajo. Página 6

votar Dar nuestra opinión para llegar a a una decisión. Página 115

Los números en cursiva indican las páginas donde aparecen las ilustraciones.

Text *(continued from page iv)*

72–81 *Watch the Stars Come Out* by Riki Levinson, illustrated by Diane Goode. Text copyright © 1985 by Riki Friedberg Levinson. Illustrations copyright © 1985 by Diane Goode. Translated and reprinted by permission of Altea, Taurus, Alfaguara, S.A. **122–29** *The Story of the Statue of Liberty* by Betty Maestro, ill. by Giulio Maestro. Text: Copyright © 1986 by Betty Maestro. Ill: Copyright © 1986 by Giulio Maestro. Translated and reprinted by permission of Lothrop, Lee & Shepard (A Division of William Morrow & Co.) **153** From *Amelia Bedelia Helps Out* by Peggy Parish. Text: Copyright © 1971 by Margaret Parish. By permission of Greenwillow Books (A Division of William Morrow & Co.). Braille transcription, 1986 by Phyllis Hultz. *Seedlings,* Braille Books for Children, 8447 Marygrove Drive, Detroit, Michigan, 48221. **166–67** (text) *The Birthday Visitor* by Yoshiko Uchida. Text Copyright © 1975 by Yoshiko Uchida. Translated and reprinted by permission of Charles Scribner's Sons, an imprint of Macmillan Publishing Company and the author. Illustrations copyright © 1975 Charles Robinson.

Special Thanks: Begaye family; Dr. Alexa Canady; Manwell family; Sanchez family; Schweizer family; Suos family; Wambles family; Winslow family.

Illustrations

Literature border design by Peggy Skycraft.

Ligature 5, 6, 7, 12, 41, 131, 133, 142. **Peter Barrett** 172–173, 174, 175, 176. **Brian Battles** 150, 178. **Howard Berelson** 140, 160, 162. **Charlie Bernatowicz** 45, 113(b), 143. **Carolyn Croll** 106–107, 111, 133(t). **Jim Dickinson** 18. **Susan Dodge** 117. **Roger Dondis** 47, 66, 89. **Len Epstein** 2–3, 38, 39. **Ruth Flanigan** 9, 71, 99. **Simon Galkan** 163. **Jackie Geyer** 17, 23–24(b). **Robert Levine** 82. **Ben Mahan** 67. **Dan McGowan** 186. **Rebecca Merrilees** 34, 35. **Larry Nolte** 187, 188, 189. **Jan Palmer** 36–37. **Judy Pelikan** 44. **Michael Pessalato** 107(r). **Kieth Strong** 120. **Mou-sein Tseng** 169. **Kyuzo Tsugami** 57, 58, 59, 61, 94, 95. **Fred Winkowski** 20, 21, 22(t), 23(t), 24, 25, 26, 27, 149. **Other:** 113(t) Illustration from *Columbus* by Ingri & Edgar Parin D'Aulaire, copyright © 1955 by Doubleday, a division of Bantam, Doubleday, Dell Publishing Group, Inc. Used by permission of the publisher. 113(c) Illustration reprinted with permission of Charles Scribner's Sons, an imprint of Macmillan Publishing Company from *The Columbus Story* by Alice Dalgliesh, illustrated by Leo Politi. Copyright 1955 Alice Dalgliesh and Leo Politi; copyright renewed © 1983.

Maps

R. R. Donnelley & Sons Company Cartographic Services 102–3, 180–81, 182–83, 184–85. **JAK Graphics** 14–15, 16, 24, 49, 57, 65, 85, 91, 145, 151.

Photographs

SK—Stephen Kennedy; TIB—The Image Bank

Front cover Peter Bosey. **Back cover** David Hiser, Photographers/Aspen. **xvi–1** © Frank Oberle, Photographic Resources. **2–3** SK. **4** © Grant Heilman, Grant Heilman Photography. **7** Rick Benkof. **8** © Mike Clemmer (tr,bl); SK (cl,br). **9** SK. **10** SK (tl); © Mike Clemmer (tr,cl,b). **11** Mike Phillips (tr,bl); SK (cl,br). **12** SK. **13** Rick Benkof (tl); SK (r). **14** SK. **17** © Stephen Wilkes, TIB. **18** SK. **19** SK. **21** © George Ancona. **22** © George Ancona, International Stock Photo. **23** Mississippi State Port Authority. **25** © Chris Jones, The Stock Market (l); © Mike Jaeggi (cr). **26** © Mike Jaeggi. **27** SK. **35** © Bullaty/Lomeo, TIB. **38** SK. **39** SK. **42–43** © Walter Hodges, Allstock. **44** SK. **45** Diane Penson Archive. **46** Patrick Tehan (tl); SK (cr,tl); © C. Schmeiser, Unicorn Stock Photos (bl); © Joe Viesti (br). **48** © Melanie Freeman (tr, bl); © Steve Dunwell, TIB (cr). **49** © In Stock, Photo Researchers, Inc. (t); © John Spragens, Jr., Photo Researchers, Inc. (b). **50** SK (t); © Eileen Blumenthal (bl); © Peter Arnold (br). **51** Suos family (t); SK (b). **52** SK, Eric P. Newman Numismatic Education Society. **53** Suos family; SK (r). **54** © Steve Dunwell, TIB (t); © Wally McNamee, Woodfin Camp & Associates (cl); Bob Daemmrich, The Image Works (bl); Eileen Blumenthal (br). **55** © Robert Harbison (t); © Tom Pix, Peter Arnold (b); SK (br). **56** © Michael Garland, Onyx. **57** © Kal Muller, Woodfin Camp & Associates. **59** © Michael Garland, Onyx (tr); SK (cl,cr). **60** © Ken Ross, Joe Viesti Associates (tl); SK (cl,br); © Larry Kolvoord, Joe Viesti Associates (cr). **61** © Michael Garland, Onyx. **62** © Mary Ann Brockman (l); SK (tr,b). **63** © Robert E. Daemmrich, TSW—Click/Chicago Ltd. (tl); © D. & J. Heaton, Uniphoto Picture Agency (b); SK (r). **64** Scott Raffe. **65** Schweizer family. **66** SK (l); Schweizer family (r). **67** SK, Missouri School for the Blind (t); SK. **68** Mike Phillips (tl); © Robert Barclay, Grant Heilman Photography (tr); Schweizer family (b). **69** Schweizer family. **70** Scott Raffe. **83** SK. **84** Cathy Lander-Goldberg. **85** SK. **86** from *The Old West: The Pioneers*, Harald Sund, © 1974 Time-Life Books Inc. (tl); © Guhl, Photographic Resources (tr); Mississippi Department of Economic Development (cr); © Frank Oberle, Photographic Resources (b). **87** SK (tr,b); St. Louis Mercantile Library (cl). **88** Cathy Lander-Goldberg (tr); Winslow family (bl); SK (br). **89** Cathy Lander-Goldberg. **90–91** Monty Roessel. **92** Monty Roessel (tl,bl); © Frank Oberle, Photographic Resources (r). **93** SK; Hubbell Trading Post (tl). **94** © Monty Roessel (t); Cathy Lander-Goldberg (b). **95** Monty Roessel. **96** SK (t); Rick Benkof (b). **97** Rick Benkof. **99** © Roy Roper, Gamma-Liason (l); © Robert Colton, Black Star (r). **100–101** © E. C. Stengler, Allstock. **104** © Michael Pettypool, Uniphoto Picture Agency (t); © Eunice Harris, Photo Researchers, Inc. (b). **105** © Gene Staver, Gas Company (tl,cr); © Peter Miller, Photo Researchers, Inc. (tr). **106–7** SK. **108** © Al Sapperwhite, TIB. **108–9** SK. **109** Culver Pictures (tl); © Gene Staver, Gas Company (br). **110** Library of Congress (t,b); Gilbert Stuart, Historical Pictures Services (l). **111** Matthew Brady, 1864, Laurie Platt Winfrey, Inc.; **112** © Joe Viesti Associates; **113** SK. **114** © UPI/Bettman Newsphoto (t); © D. Dietrich, FPG International (b). **115** © Don Sparks, TIB (tl); © Paul Conklin, Uniphoto Picture Agency (tr); SK (cr). **116** SK. **117** SK. **118** © Raphael Macia, Photo Researchers, Inc.; **119** © Costa Manos, Magnum Photos Inc. (tl); © Pete Saloutos, Photographic Resources (tr); © Anthony Russell, Pentagram (b). **120** © Peter Miller, TIB. **120–21** SK. **121** Robin Brown (tl); © Michael Quakenbush, TIB (tr). **130** Rick Benkof. **131** Rick Benkof (t); © Bob Daemmrich, The Image Works (b). **133** © Wally McNamee, Woodfin Camp & Associates (tc); © Robert Kristofik, TIB (r); © Louis Goldman, Photo Researchers, Inc. (bl); The White House (bc). **134–35** © Debra Lex. **136** © Benn Mitchell, TIB (cl); SK (bl); © Brent Jones (br). **137** © Cathlyn Melloan, TSW—Click/Chicago Ltd. (tl); SK (tr,cr). **138** Jerome Madig. **139** Jerome Madig (l); SK (r). **141** Jerome Madig (t); SK (b). **142** SK. **143** SK, The Sporting News (c); SK, © Topps (r). **145** © Focus on Sports (t); SK, © Topps (b). **146** © UPI/Bettman Newsphotos (l); Pittsburgh Pirates (r). **147** National Baseball Library (t); SK, U.S. Postal Service (b). **148** © Jerry Wachter, Focus on Sports (l); Pittsburgh Pirates (r). **149** Jerome Madig. **151** SK, Terry Wilson. **152** SK. **153** SK. **154** FDR Library. **155** FDR Library (l); UPI/Bettman Newsphoto (r). **156** Historical Pictures Service, Inc. (tl,br); FDR Library (tr); FDR Library, C.P. Newell, 1915 (bl). **157** FDR Library; © UPI/Bettman Newsphoto (b). **158** SK (t); FDR Library (bl); UPI/Bettman Newsphoto (br). **159** UPI/Bettman Newsphoto (t); FDR Library (b). **160** Culver Pictures (cl); Edison Laboratory National Monument, NJ (bl). **161** Edison Laboratory National Monument, NJ (tr,bl); The Granger Collection, NY (cr). **164** The Granger Collection, NY (t); © Mary Root, Root Resources (r); SK (bl); © Talon, Inc. (br). **165** Historical Pictures Service, Inc. (t); Naismith Memorial Basketball Hall of Fame (bl,br). **168** Gary Miyataki, Kari Kanesaka. **169** © Yoshiko Uchida. **170** © Yoshiko Uchida. **171** SK (t); Deborah Storms, © Yoshiko Uchida (b). **178** l to r: © Focus on Sports; Deborah Storms, © Yoshiko Uchida; © Jerome Madig; © Edison Laboratory National Monument, NJ; © Historical Pictures Service, Inc.

Picture research assistance by Carousel Research, Inc., and Meyers Photo-Art.